# COUP-D'ŒIL

SUR L'ÉTAT POLITIQUE

## DE L'EUROPE

EN 1819.

# COUP-D'OEIL

## SUR

# L'ÉTAT POLITIQUE

## DE L'EUROPE

### EN 1819.

---

On a commencé à se guérir du Machiavélisme, et l'on s'en guérira tous les jours : il faut plus de modération dans les conseils. Ce qu'on appelait autrefois des coups d'État, ne serait aujourd'hui, indépendamment de l'horreur, que des imprudences. Et il est heureux pour les hommes d'être dans une situation où, pendant que leurs passions leur inspirent la pensée d'être méchants, ils ont pourtant intérêt de ne pas l'être.

(Montesq., *Esp. des Lois*, Liv. XXI, Chap. 21).

---

PARIS,

A LA LIBRAIRIE CONSTITUTIONNELLE

DE BRISSOT-THIVARS,

Rue Neuve-des-Petits-Champs, n° 22.

1819.

# COUP-D'OEIL
## SUR L'ÉTAT POLITIQUE
## DE L'EUROPE
### EN 1819.

On a souvent dit, on répète encore que la révolution, commencée par le peuple français, fera le tour du monde; oui, sans doute; mais qu'on y prenne garde, elle peut s'accomplir de deux manières. Les peuples s'émanciperont par eux-mêmes, si les Gouvernements s'obstinent à méconnaître leurs droits. La féodalité germanique décréta à Pilnitz le triomphe de l'aristocratie française; et la révolution changea de caractère et prit un autre essor. Tel serait encore l'effet de toute coalition hostile des rois contre les nations: la violence amenerait les mêmes vicissitudes, les mêmes malheurs, les mêmes crimes.

Les destinées de l'Europe sont écrites dans les dernières pages de son histoire.

Il n'est plus au pouvoir des cabinets les plus

habiles de ralentir le développement majestueux des lumières. Les vérités philosophiques se sont abaissées à la portée de tous les esprits. Le point stable sur lequel doit s'élever désormais l'édifice social est trouvé. Tous les peuples gravitent vers ce point central, également distant de la servilité et de l'anarchie.

Si le développement de la civilisation libérale est moins accéléré dans quelques États, quoique régis par un prince constitutionnel, c'est que les principes y éprouvent des restrictions ou des entraves, et qu'ils y sont combattus par le privilége.

La paix rendue à l'Europe semble avoir rompu les digues qui retenaient l'essor du génie, en comprimant dans les âmes le besoin et le désir de la liberté. Elle a rallumé tous les foyers de lumière que la guerre avait éteints: les sciences, tournées à la destruction par l'esprit de conquête, éclairent et dirigent maintenant les arts imitateurs et l'industrie créatrice; les peuples, vaincus et vainqueurs, se forgeaient des fers de leurs propres mains : les idées d'ordre et de justice, devenues populaires, s'asseyeront sur les trônes constitutionnels; et le despotisme disparaîtra avec ses gothiques institutions.

Aveugles au sein des lumières, les agents de

quelques princes, enfoncés dans une routine surannée, en opposent les mystérieuses maximes à la raison universelle; lumière véritablement divine, arbitre unique des droits et des devoirs, juge suprême de toute légitimité.

Depuis que les hommes vivent en corps de nation, ils ont dû essayer tous les modes de gouvernement, tous les régimes. Le démocratique pur ou tempéré est celui pour lequel se passionnèrent exclusivement les peuples spirituels, ingénieux et braves de la Grèce; ils voyaient dans les rois des tyrans, dans leurs sujets des barbares. Ils durent à cette opinion leurs vertus, leurs arts, leur grands-hommes. Rome a tout appris de la Grèce; cependant que d'illusions se mêlèrent à leur enthousiasme pour les institutions démocratiques! Combien de fois ces Athéniens, si jaloux de leur liberté, si prompts à se la laisser ravir, passèrent-ils de la jouissance à l'abus, de l'anarchie à la servitude? Un mot explique leur longue et funeste erreur: ils aimèrent la liberté jusqu'à l'idolâtrie; ils la sentaient plus qu'ils ne la comprenaient. La science du gouvernement porte sur un problème pour eux insoluble, parce qu'ils en cherchaient la solution dans un extrême qui n'est, en effet, qu'une brillante et fugitive lueur de liberté. En se retenant immobile dans l'extrémité opposée, les princes des temps modernes et leurs ministres sont inhabiles à gouverner les hommes, parce qu'il leur est plus commode de commander à des esclaves; mais ils ne songent pas qu'ils sont en contradiction avec leur siècle, dans un état hostile envers leurs sujets, et que, forcés tôt ou tard de céder à l'irrésistible empire de l'opinion, ils subiront toutes les conséquences d'une résistance vaincue. Il n'est plus de barrières entre les peuples; tout est conducteur de la vérité comme la lumière du soleil, elle parcourt, elle éclaire en tout sens la terre, créant des nations en Amérique, les rendant à elles-mêmes dans l'ancien continent.

Je diviserai cet opuscule en deux parties et en plusieurs paragraphes: dans la première, je considérerai l'Allemagne et les États du nord de l'Europe, sans m'astreindre à suivre un ordre exactement géographique; la seconde comprendra les États du midi. Cette esquisse rapide du tableau de l'époque actuelle, prouvera que la communauté d'intérêts et de lumière est définitivement établie entre les peuples; qu'ils obéissent de concert à une impulsion devenue invincible, et que tout le bien qui arrive à l'un d'eux, se commumunique à tous, en dépit des castes récalcitrantes.

# PREMIÈRE PARTIE.

*Allemagne considérée comme centre politique des États du Nord.*

## §. I<sup>er</sup>.

Les princes, qu'en Allemagne la langue diplomatique nomme les grands souverains, se croient d'autant plus puissants qu'ils sont plus absolus. Mais le pouvoir et la force qui proviennent du dépouillement des droits des peuples, ne sauraient être appréciés. Il n'y a pour cette sorte de valeurs ni poids, ni mesure ; les détenteurs partent d'un point arbitraire et en quelque sorte mobile, et concluent du présent qu'on leur conteste à un avenir impossible. Ainsi raisonne l'orgueil du despote et du privilégié.

Les erreurs politiques de toute espèce sont stationnaires dans les races historiques. Mais les écrivains du premier ordre ont mis en pleine circulation tout ce qu'un demi-siècle nous a appris de vérités utiles et de principes applicables au gouvernement des peuples ; ces vérités, les classes moyennes des bons et judicieux Allemands les ont accueillies ; vainement les cabinets ont à leur solde des folliculaires, pour effrayer les princes et les armer contre leurs sujets, pour réchauffer la foi des croyants au droit divin, pour soulever les classes inférieures, aveugles instruments des révolutions, contre l'opinion éclairée des libéraux. Moins que partout ailleurs la diplomatie allemande admet la vertu de l'exemple; elle arrivera au bord de l'abyme, sans avoir conçu que la liberté ayant triomphé chez un peuple, tous recueillent plus tôt ou plus tard les fruits de sa victoire, et que les plus opprimés réagissant avec plus de violence, s'émancipent avec plus de danger pour les oppresseurs. L'esclave est l'ennemi naturel de son maître. Pour devenir libre, aucun moyen n'est coupable à ses yeux.

Une puissance monstrueuse, née de la superstition et du fanatisme, a long-temps régné sur l'Europe. Ce joug avilissant pesait également sur les peuples et sur les rois. Au despotisme pontifical vint s'unir la tyrannie féodale; et la morale évangélique disparut du milieu des hommes.

L'Allemagne vit commencer l'œuvre de la réformation. Luther, (1) (a) intrépide argumentateur, mais savant distingué, trouva des protecteurs dans quelques princes, impatients de rompre avec la cour de Rome. Individuellement impuissants, mais forts par leur union et leur invincible constance, ils sortirent d'une lutte inégale, affranchis des tributs que les papes imposent aux États catholiques. Les questions sur la liberté de conscience provoquèrent l'examen sur les questions relatives aux libertés politiques et civiles. Plusieurs princes d'Allemagne, et successivement la Suède, le Danemark, la Hollande et l'Angleterre, séparées de Rome, fondèrent des gouvernements représentatifs.

Si nous partons de ce mouvement insurrectionnel contre la hiérarchie sacerdotale, mouvement qui a ses oscillations plus ou moins sensibles, selon les lieux et les époques, il n'est pas impossible de déterminer, d'après ce qu'obtint de droits et de liberté, au seizième siècle, une confédération des peuples incomplète, ce que peuvent efficacement vouloir, sans combats, sans trouble et par leur seule résistance, de plus grandes nations unies dans un même esprit et pour une même fin. L'inertie volontaire est à la fois un état de force et de paix; au contraire, succombant à l'oppression et poussé au désespoir, un peuple rompt tous les freins. L'Allemand est bon, patient, judicieux, éclairé partout où la réforme s'est établie. Ses princes du second et du troisième ordre participent en général du caractère vraiment national. Que les grands potentats calculent leurs légitimes intérêts; ils ne les distingueront pas des intérêts non moins légitimes des peuples; dès lors leur cause sera commune, et celle du privilége disparaîtra devant l'égalité constitutionnelle.

Quoique l'Allemagne en ce moment ne marche pas d'ensemble, gardons-nous de croire qu'elle soit divisée de vœux et d'opinion. La persécution, auxiliaire active de la raison et de la justice, hâte le jour de leur paisible triomphe.

Néanmoins l'aristocratie germanique tressaille de joie, informée par des trompettes soudoyées, des efforts que font en France les ultra-royalistes pour renverser cette charte mal inspirée, que tous les peuples de l'Europe non encore émancipés adoptent et réclament pour eux-mêmes. On vit en 1814 la coalition des peuples et des rois, venger leurs communes injures; c'est aujourd'hui la coalition des privilégiés et du pouvoir absolu contre les peuples: ils périront au même écueil où le char triomphal de Napoléon s'est brisé. Cet écueil, c'est l'opinion. Lorsqu'il n'eut plus que son armée, tous les droits violés l'accusèrent; et le sabre et la baïonnette s'abaissèrent devant la nation, redemandant sa liberté, sans abjurer ses quinze ans de gloire.

On dit que les olygarques proposent des concessions, afin de neutraliser la fermentation qui agite les masses nationales et menace leur autorité. Recourir aux demi-mesures, c'est révéler sa faiblesse. Le temps des déceptions diplomatiques est passé. La grande question est décidée pour tous les peuples, comme pour l'Angleterre et pour la France. Que les dépositaires du pouvoir admettent la solution et qu'ils en déduisent franchement les conséquences; pour la première fois ils feront preuve de fidélité à leurs souverains, et mériteront l'estime et la reconnaissance publiques. Quoi qu'il en soit, les peuples et les rois finiront par s'entendre, et les fauteurs des doctrines anti-populaires par être livrés à l'exécration des hommes de tous les âges et de tous les pays.

Il n'est pas vrai, comme le prétendent les *Quotidiennes* allemandes, que l'influence des lumières soit balancée par celle des nobles et du clergé romain. Observons ici que dans certains États catholiques, le mot religion est synonyme de dixme, d'annates, de domination universelle, comme si le pape en donnait à bail aux princes le gouvernement. Cette prétendue influence des nobles est-elle prouvée par la détermination spontanée qu'ont prise plusieurs souverains de convoquer les états et de délibérer avec eux une charte fondamentale de droits et de devoirs réciproques ? L'équilibre est à jamais rompu ; et bien qu'en diplomatie on mesure la grandeur des princes par les dimensions territoriales et par le nombre des âmes, marchandise dont les cabinets trafiquent, comme le métayer de ses troupeaux, plusieurs souverains et principalement le roi de Bavière, ont imprimé à la fermentation qui agite l'Allemagne un mouvement de sagesse et de force que ne comprimeront ni la politique déloyale d'une grande puissance, ni l'immobilité de la domination autrichienne, toutes deux sourdement travaillées par un vice radical, l'extrême hétérogénéité des parties dont elles se composent. La conquête ne forme que des liens fragiles entre les peuples, si d'ailleurs ils ne se conviennent pas sous les rapports des mœurs, du climat, du langage. C'est ici une affaire du temps et de l'occasion.

## §. II.

Prévenir le vœu et les justes réclamations des peuples, c'est faire preuve de bon esprit, et d'un grand cœur. Chacun appliquera cet éloge aux princes auxquels il s'adresse. Il en sera de même du blâme que méritent les rois ingrats

envers leurs sujets; et tels autres qui se cram-
ponnent au temps passé, pour ne pas marcher
avec le temps présent, fermant les yeux à la lumière, et défendant leur faible raison contre la
raison universelle.

Le grand duc de Veimar et celui de Hesse
Darmstadt ont les honneurs de l'initiative. Le
roi de Bavière, plus puissant, ce qui signifie plus
absolu, a consenti à de plus grands sacrifices;
et les Bavarois ne sont pas les seuls Allemands
qui lui en tiennent compte : son exemple est un
bienfait pour tous. Tous ont porté une attention
intéressée aux questions qui ont occupé les
chambres législatives dans les États constitués.
Elle est l'expression du vœu, des espérances de
la nation germanique, unanime, indivisible dans
la poursuite de ses droits.

Les premières sessions représentatives sont
une épreuve qui ne peut qu'être heureuse pour
les sujets et pour les princes. Les théories du
gouvernement représentatif ne sont pas de vaines
spéculations, et comme le prétendent les défenseurs du droit divin et des priviléges féodaux, un
composé d'abstractions idéologiques. Elles sont
fondées sur des droits qui tous dérivent de l'égalité naturelle; qui tous doivent concourir à la
prospérité commune.

Toute œuvre sort imparfaite des mains des

hommes. L'erreur, le préjugé ne résistent pas, à cette épreuve. Le doute a conduit la raison à la vérité. Partout les nouvelles constitutions demandent un complément; les anciennes une réforme. Le projet de la charte wurtemburgeoise, laissera peu à désirer, s'il n'est traversé par aucune influence étrangère, parce que la bonne foi a présidé aux délibérations respectives du conseil et des mandataires de la nation; parce que, citoyen autant que prince, Guillaume respecte les clauses d'un contrat primitif entre elle et ses prédécesseurs. Que les peuples ne soient plus lésés dans la jouissance de leurs droits, et la paix du monde ne sera pas troublée.

L'événement qui vient de suspendre la tenue des États dans le grand duché de Bade ne peut être expliqué que par l'intervention secrète d'une grande puissance prépondérante, qui s'alarme de la ruine dont sont menacées les gothiques institutions du moyen âge, œuvres de la violence, de la barbarie et des superstitions. Le caractère du prince, soutenu par le courage d'un peuple éclairé, repoussera cette influence, et ce qu'il a si bien commencé s'accomplira.

Il semble que les nations participent de l'esprit libéral dans la proportion de leur proximité du foyer d'où il s'élance sur l'Europe. Cet esprit n'est pas insulaire, jaloux, exclusif; il est français et européen. Pourquoi le gouvernement britannique est-il invariable dans le système d'exclusion et d'intolérance politique? Pourquoi traverse-t-il par son or, ses intrigues et ses armées les efforts que font d'autres peuples pour se constituer indépendants et libres? Pourquoi dans ses colonies, dans les pays où il domine à titre de protecteur, même dans le royaume patrimonial de son roi, restreint-il jusqu'à n'être qu'un vain simulacre, cette liberté dont la nation anglaise est si fière? Pourquoi?.... parce que les olygarques ont conçu et poursuivent dans leur arrière-cabinet le dessein de réduire le parlement national à n'être qu'un passif bailleur de fonds, et de gouverner par la force armée. Un peuple qui n'obéit qu'aux lois, oppose trop souvent ces mêmes lois à la volonté des ministres. Les lois, et toujours les lois; la charte, et toujours la charte. Ces cris séditieux ont lassé la morgue ministérielle....

Tel est, n'en doutons pas, le terme où tend l'artificieuse politique des olygarques. Mais tout annonce que leur système de corruption subira bientôt l'examen de la nation, légalement représentée. Dans l'état, une population libre dont une forte partie est humiliée plus que secourue par la taxe des pauvres; dans le parlement, une majorité vénale; dans la métropole du commerce et de l'industrie, la misère en guerre ouverte avec l'opulence : ces contrastes menacent évidemment la liberté ; et la réforme parlementaire est inévitable et prochaine.

## §. III.

Nous avons parlé des États de l'Allemagne que la haute sagesse de leurs princes a placés sous le régime constitutionnel, et des coups portés aux institutions libérales avant qu'elles soient affermies. Les grandes monarchies semblent redouter la contagion que les petits États propagent. Les premiers oublient que la Germanie résista long-temps aux Romains, parce qu'elle était une patrie d'hommes libres, et que tels en sortirent les conquérants des Gaules. Mais oublient-elles de quelle inutile secours leur fut, aux jours de l'adversité, une gothique noblesse ? Qui les a reconquises ces superbes monarchies ? Les soldats de la landwer, déterminés à vaincre par l'appât de la liberté ; et la discipline militaire se fait encore par le bâton ! et la très-grande majorité de l'Allemagne supporte encore tout le fardeau des redevances féodales ! Autour de l'empire, tout se meut, tout s'agite ; il est immobile, comme étranger au monde moral : d'épaisses ténèbres le rassurent, quand une vivifiante lumière régénère d'autres nations. Les principes libéraux tournent et reculent, dès qu'ils touchent aux limites de cette vaste monarchie, défendue contre l'esprit de ce siècle pervers par toutes les puissances de la superstition et de la féodalité. Cent chariots de marchandises anglaises les franchiraient plutôt qu'une brochure philosophique importée de France.

### §. IV.

Le gouvernement prussien présente un aspect bien différent, une situation plus pénible et plus équivoque. Sa politique intérieure est un problème plus étrange que difficile à résoudre. Que de choses mystérieuses s'expliquent aujourd'hui par le résultat des conférences de Carlsbad, qui, loin d'avoir aplani d'antécédentes difficultés, pourraient bien en avoir découvert de nouvelles. L'opinion a fait beaucoup de chemin en avant, tandis qu'on délibérait sur les moyens de la faire rétrograder. Que les agents du pouvoir absolu apprennent enfin que l'opinion est aussi une souveraine, qu'elle a ses organes et ses ministres, et que son empire, c'est le globe entier.

Le conseil diplomatique de Carlsbad a parfaitement répondu à l'attente de ses commettants, si les intérêts du pouvoir absolu et de la féodalité devaient être les objets uniques des délibérations (1). N'y aura-t-il pas à rabattre de ses calculs? Les peuples ne revendiqueront-ils pas leur droit de révision? Dupe d'un sot orgueil, la caste des *historiques* ne sait que tenir le reste des hommes à une grande distance d'elle ; d'où il arrive que ceux-ci vont seuls, et que leur force s'accroît par cet isolement même ; il arrivera de plus que la royauté verra son salut dans son union avec le peuple, ou bien elle courra le risque de se perdre avec ses faibles auxiliaires. Cette conclusion me ramène naturellement à la Prusse.

Qu'un roi absolu soit insensible aux plaintes de ses sujets, indifférent aux murmures que leur arrache l'oppression, qu'il ferme l'oreille à la voix de l'écrivain courageux qui se rend l'interprète des misères publiques ; qu'irrité par ces mots, précurseurs des révolutions, *droits, liberté, nature*, qu'un tel roi se retranche dans son orgueil héréditaire, qu'il repousse des réclamations qu'il nomme coupables, et punisse des écrits que ses ministres qualifient de séditieux ; il ne faut pas s'en étonner. L'habitude du despotisme ne corrompt

---

(1) On en parle bien diversement ; il semblerait qu'elles ont été prises sous l'influence directe de l'Autriche. Si cela est vrai, elles sont jugées d'avance.

pas moins les maîtres, qu'une chaîne perpétuelle ne démoralise l'esclave. Tous les temps attestent que les maux descendent des classes supérieures sur la masse de la société, partout où l'arbitraire règne à la place des lois; et que la dépravation, la misère, proviennent, d'une part, de l'excès du pouvoir, d'autre part, de l'excès de la bassesse, et de cet extrême besoin qui place l'homme entre l'échafaud et le crime. Mais qu'un monarque, dont les sujets ont vanté la modération, dont l'Europe entière a déploré les infortunes, hésite à donner une constitution à ses peuples, c'est un grand sujet de surprise et de douleur, non-seulement pour eux, mais pour leurs co-nationaux allemands. On peut prévoir les conséquences du triomphe momentané de quelques ministres et de l'aristocratie féodale, accoutumée à voir la dignité et la stabilité du pouvoir dans son illimitation. Qu'ils y prennent garde; l'arbitraire force à la résistance, et celle-ci remet en œuvre l'organisation du pouvoir.

Aucune considération ne peut empêcher le publiciste impartial de reconnaître la justice des réclamations que la Prusse adresse à son roi. C'est au double titre de droit et de récompense, qu'elle demande une constitution basée sur la représentation nationale. Cette concession a été promise comme le prix de l'indépendance et de l'accroissement du royaume. Elle seule peut payer le dévouement du peuple, et solder la dette du roi. Ce peuple sera-t-il proposé pour modèle à ceux qui désormais auront une patrie à défendre ou à venger, tandis que son souverain en serait un d'ingratitude? L'honneur parle à la fois au cœur de l'un et de l'autre. S'il est impossible que la nation renonce jamais au noble salaire de tant de vertu, sans renoncer à cette même vertu ( sacrifice dont la supposition serait une offense ), il n'est pas moins doux et, je crois, moins raisonnable d'espérer que la magnanimité du prince repoussera les perfides conseils et les absurdes terreurs dont l'ultra-royalisme circonvient les trônes, afin de lier ses intérêts à la cause des rois, qui n'est et ne peut être que celle des peuples.

On dit aussi que le gouvernement prussien n'entend pas manquer à la promesse royale; mais qu'il espère acquitter sa dette aux moindres frais possibles. Les diplomates sont gens à expédiens, à interprétations évasives tout comme les théologiens; et l'on attend à Berlin l'*ultimatum* déclinatoire ou modificatif des conférences de Carlsbad. Opposeront-ils des faits aux droits? mais les faits sont des attentats, des crimes d'un pouvoir usurpé, quand ils renversent l'ordre établi par la nature de l'homme, principe de toute sociabilité. Ni la durée de la jouissance, ni l'erreur ne constituent la légitimité. L'homme de la cité peut sacrifier sa vie; l'homme de la nature n'a jamais pu renoncer à sa liberté. Il y a donc guerre à mort entre l'esclave et le despote.

S'il est dans l'ordre social pour un peuple une garantie moralement certaine, exempte de prescription, c'est sans doute la promesse d'un roi, qui, sous les coups de l'extrême infortune, a recours au dévouement le plus entier de ses sujets; qui les appelle en masse sous ses drapeaux; qui, pour prix du sang qu'ils vont répandre, reçoivent son engagement de régner désormais sur une nation libre, et de s'asseoir sur un trône constitutionnel; engagement scellé du sceau de l'honneur. Depuis 1814 la justice et la reconnaissance sont vainement invoquées; ce n'est pas assez. On conspire dans les États prussiens, parce qu'on ose se plaindre; et les conspirateurs sont des savants, des magistrats dont les écrits et les discours ont puissamment concouru à rassembler sous les ordres du prince une jeunesse fière de conquérir à la fois l'indépendance de la couronne et la liberté pour la nation. Et l'on vient aujourd'hui mettre en balance ses droits naturels et politiques avec les intérêts aristocratiques. Et qu'importent aux peuples les décisions intéressées d'un congrès qui représente une caste privilégiée? Qui l'a constitué arbitre entre les sujets et les princes? Pense-t-il qu'un servile consentement sanctionne jamais des restrictions qui réduiraient la représentation des communes à une présence honteusement nominale? Non, non; l'exemple qu'en 1789 ont donné les états-généraux de la France n'est pas effacé de la mémoire des peuples : leur émancipation est écrite dans cet événement solennel. Les révolutions avancent en raison des obstacles ; et les efforts des nobles féodaux achèvent leur ruine et hâtent le développement du système représentatif. Tandis qu'ils exhalent leur rage impuissante, les défenseurs des principes préparent et coordonnent les éléments des constitutions libérales. Les lumières ne sont plus divisées en rayons faibles, vacillants, incertains: de jour en jour elles sont plus populaires, et circulent plus abondantes et plus actives. Leur triomphe sera l'époque de la liberté, des vertus et du bonheur de la famille européenne.

§. V.

Nous allons bientôt apprendre quelle autorité l'approbation des princes donnera aux décisions du congrès de Carlsbad, et quelle influence obtiendra sur l'opinion générale ce synode diplomatique. Le vœu des peuples n'est pas plus caché que le code où ils puisent leurs droits. Qu'on y songe bien, la force qui les en prive est leur force. C'est un ressort trop tendu ; un instant suffit pour le relâcher. Il est permis de présumer que chacun en sera pour les frais qu'il aura faits; mais ces frais ne sont-ils pas à la charge du peuple, en paix comme en guerre? S'ils étaient pris sur les plaisirs des princes, les diplomates n'auraient plus rien à faire, et toutes choses en iraient mieux. Peu s'en est fallu cependant que les joies bruyantes des *ultrà* n'aient fait peur aux libéraux français. Quoique désappointés, comme ils l'ont été toujours, ils chanteront victoire. Il n'est rien de ridicule, d'extravagant, d'absurde qu'ils n'aient attendu du congrès de Carlsbade, comme de celui d'Aix-la-Chapelle, comme si leur intérêt devait occuper tous les cabinets, et mettre en mouvement toutes les armées.

Les princes qui se sont montrés justes et populaires, le seront avec plus de confiance. L'auteur du bien est le premier qui en jouit ; espérons que les autres apercevront l'abyme avant d'y tomber, à travers les fumées de l'encens dont on les enivre.

Partout conspirent, s'agitent deux castes constitutionnelles ; si elles forment un parti, ce parti n'est digne que de pitié et du mépris ; sourds aux avis de faveur de l'une, aux anathèmes de l'autre, les peuples marchent d'autant plus rapidement à la liberté, qu'elle est plus combattue, tous éprouvent le même besoin; celui d'une régénération qui embrasse les hommes et les choses, et qui rende l'homme à lui-même par l'égalité civile, par l'indépendance de sa pensée.

La gloire qui sembla long-temps décernée à Napoléon par l'opinion universelle et par son propre génie (son aveugle ambition la dédaigna!, celle de rallier les débris d'une nation, d'effacer des pages de l'histoire un grand scandale; cette gloire brille sur le front auguste d'un souverain autocrate. Que d'espérances pour ses propres sujets dans l'acte par lequel il a rendu à la Pologne son existence politique! D'accord avec le temps, avec les progrès des lumières, Alexandre répandra les bienfaits de la civilisation européenne et des arts utiles sur les provinces de son vaste empire, où régnaient seules naguère l'ignorance et la barbarie.

La nature n'a pas fait des peuples insociables. Supposez la tribu la plus sauvage, occupant le sol le plus stérile, l'intelligence s'ouvrira pour elle aux rayons de la raison, aux leçons de l'industrie ; dans le sein de la terre germeront les semences que vous y aurez renfermées. La grande famille humaine s'est accrue, et peut s'accroître encore par la voie des communications habilement ménagées ; mais faire des esclaves, c'est le crime de l'homme ; crime dont la nature gémit et qu'enfin elle venge. Louons les efforts que fait le Gouvernement britannique pour abolir le honteux trafic des noirs; et sans le chicaner sur les motifs, recueillons les effets.

La Pologne, constituée en monarchie représentative, et plus calme qu'elle n'ait été jamais, oubliera-t-elle qu'elle se composait de plus de provinces sous ses anciens rois ? La réparation sera-t-elle incomplète? Je laisse la politique anglaise s'exercer sur cette importante question. Sans doute l'amputation que la nation polonaise a subie est encore seignante; et les membres retranchés du tronc aspirent à s'en rapprocher. Mais confions-nous sans lui fixer d'époque, à la justice du temps, qui déjà a signalé parmi les plus grands attentats, le partage de cette noble contrée. Il n'est pas une voix au monde qui osâ justifier cette insulte faite à tous les peuples civilisés, ce brigandage, qui n'est pas plus un acte politique, que la spoliation, à main armée, sur les routes, n'est une légitime acquisition. Il put s'exécuter froidement et sans danger : ni l'appel qu'adressait à la France son éternelle alliée, ni la voix de l'honneur n'arrivèrent jusqu'à l'oreille d'un prince abandonné de son peuple, de la fortune, de ses alliés, parce qu'il le fut toujours de lui-même; la situation actuelle des co-partageans n'est dans cette cause d'aucune considération : ici la guerre ne justifie pas la conquête. Si l'on objecte qu'un grand intérêt, la paix de l'Europe, repousse les régles ordinaires de la justice, il restera à examiner si la paix du monde est moins compromise par cet exemple subsistant de l'iniquité du fort contre le faible: exemple qui dément les promesses de la Sainte-Alliance.

La charte étant un droit, ne peut être une compensation, et ce n'est pas non plus à ce titre que la Pologne l'a reçue. Naturellement féconde en population, elle le sera plus encore sous les auspices de son nouveau régime et de son monarque constitutionnel. Sa liberté n'était qu'un nom, une turbulente anarchie, tandis qu'elle fut un privilége de la naissance. Depuis que des mains affranchies cultivent cette terre, long-temps si rebelle aux travaux des serfs, elle paie avec usure ceux de cultivateurs citoyens. La Pologne commence son ère de prospérité et d'industrie, et marche rapidement au plus grand développement de la civilisation libérale. Quelles douces jouissances ne doit pas ressentir un prince qui, après avoir médité sur des réformes pénibles, immenses, et la plupart réservées à ses successeurs, vient reposer ses regards sur ce peuple polonais, retrouvant dans sa charte son antique caractère, tous les biens, toutes les vertus dont la liberté est la source. Les Sobieski, les Kosciusko renaîtront pour défendre leur patrie régénérée. Quand l'ancienne Pologne élisait ses rois, elle comptait dans ses diètes de nombreux citoyens dignes de l'être. La Pologne moderne, plus favorisée, retrouve dans ses nobles les plus illustres ses meilleurs citoyens; et, comme l'Allemagne et la France, elle n'est pas déchirée par une faction anti-nationale, incurable ennemie de toute égalité politique, civile et religieuse.

Cette particularité, très-remarquable, n'étonnera pas cependant les personnes qui ont connu l'ancienne forme du gouvernement de la Pologne. Elle avait traversé plusieurs siècles, après avoir vu tout changer autour d'elle. La noblesse était la nation; le paysan était ilote. La plus absolue égalité régnait parmi les nobles, qui, avec leur roi, formaient une république monarchique toujours armée.

Voilà pourtant, quoique disent les ultra de tous les pays, la Pologne libéralement constituée, sans provocations secrètes, sans la participation d'un comité central régénérateur, mais par le propre mouvement d'un grand souverain. Certes, jamais il n'a été fait un plus libre et plus noble usage de la puissance absolue. Ce royaume, que distinguera, comme par le passé, un beau caractère national, semble avoir une destination déterminée. Il est avant-poste et boulevard tout ensemble pour l'empire russe : il représentera le temple dont les portes, ouvertes ou fermées, annonçaient chez les Romains la guerre ou la paix du monde. Heureuse l'Allemagne, heureuse l'Europe, si les vertus religieuses et philantropiques deviennent héréditaires dans la famille des Czars, comme l'est leur vaste empire.

Rien ne décore la majesté suprême autant que la sérénité qui annonce qu'elle est placée au-dessus de la région des orages.

## §. VI.

Lorsqu'en l'an V (1796) le général Bonaparte prit le commandement de l'armée française en Italie, les nations chez lesquelles il devait porter la guerre n'étaient attachées à leurs gouvernements que par le faible lien de l'habitude. La Lombardie semblait attendre un libérateur, impatiente du double joug d'un vice-roi et d'un maître étranger. Léopold n'avait pas assez long-temps vécu, et la Toscane était rentrée dans les ornières du despotisme. Les ressorts de l'état vénitien, détendus, n'avaient retenu de leur première vigueur que ce qu'ils avaient de tyrannique et d'atroce. Sa politique intérieure n'était plus en rapport avec la civilisation générale des peuples de l'Italie. Gênes affectait la fierté d'une république, parce que son port et son littoral étaient de quelque poids dans la balance de l'Europe. Le pontife et son vassal le roi de Naples n'étaient encore alors que spectateurs des combats. Bonaparte soumit, ou plutôt révolutionna l'Italie par la promesse de la liberté. Bientôt après il dicta des lois à l'empereur dans Vienne; mit la Prusse à sa discrétion, et menaça le nord de l'Europe.

Maintenant, voyons par quels moyens les souverains de l'Allemagne se sont relevés de cet état de dépendance et d'humiliation. N'interrogeons pas leurs ministres, mais les peuples ; ceux-ci ne cachent ni ne déguisent la vérité. Ils nous diront : « Nous nous sommes unis

» à nos princes; nos provinces se sont unies à
» nous par la promesse d'une charte, d'une pa-
» trie. Cette union anticipée a allumé dans nos
» âmes l'énergie, le saint dévouement des sol-
» dats de la liberté. Nous avons voulu devoir à
» la reconnaissance royale le titre et la garantie
» de nos droits, ces droits écrits dans le code
» de la nature. Depuis long-temps, nos cœurs
» battent pour la liberté. Elle nous est due, et
» de plus elle nous est promise; promesse sa-
» crée, scellée de notre sang, couronnée par la
» victoire. Les diplomates de Carlsbad furent-
» ils appelés pour recevoir cet engagement vo-
» lontaire des peuples envers leurs rois, des rois
» envers les peuples ? Leur appartient-il aujour-
» d'hui d'en fixer la limite, d'en interpréter le
» sens, d'en réduire la valeur ? Il n'y a dans
» cette affaire ni litige, ni juges à intervenir. »

Je le demande maintenant : après la rapide conquête de l'Italie, le vainqueur eût-il entrepris celle de l'Allemagne, s'il eût dû y trouver à combattre des hommes libres, des peuples intéressés à défendre l'indépendance des couronnes; si dans les grands et petits États, le gouvernement eût été constitutionnel et les armées nationales? Non, sans doute. Ce qu'a pu la liberté promise, dit assez ce qu'eût fait la liberté fondée. Les systèmes représentatifs peuvent seuls cimenter l'union si nécessaire des États germaniques, et imprimer à cette union fédérale toute la force de l'unité nationale. Des différences notables dans les constitutions seraient des causes de mécontentement, et nuiraient à l'ensemble. Le nord est toujours prêt à fondre sur le midi. L'état défensif est désormais celui de l'Allemagne : combinaison funeste, faute irréparable ; et, comme bien d'autres maux qui affligent la terre, vomie sur le continent par le cabinet de la Grande-Bretagne.

Sa situation politique fait donc à l'Allemagne une nécessité du régime représentatif. Heureuse nécessité pour des hommes nés libres sous des chefs électifs, pour des hommes qui trouvent déjà frayée, la route de la liberté. Quelques obstacles l'obstruent encore ; mais la raison chez les Allemands est persévérante, autant que les prétentions de leur noblesse féodale sont inflexibles. Contemplons la France, où la liberté reparaît dans toute la splendeur de la solide et véritable gloire, après avoir été long-temps éclipsée sous de trompeuses et brillantes illusions ; la France éclatante du génie des arts, riche des fruits de l'industrie nationale, goûtant dans la paix un bonheur qui accuse le règne destructeur des conquêtes ; lorsqu'encore la pleine jouissance de la charte, la charte avec ses garanties, lui est contestée, et par la faction qui rappelle l'étranger, et par celle qui veut rallumer dans son sein les torches du fanatisme en attendant les bûchers de l'inquisition. Si, malgré tant d'obstacles, la France s'est replacée au rang d'où ses r. vers l'avaient fait descendre, que sera-t-elle quand elle en aura triomphé, quand le clergé cessera d'être en rebellion ouverte, et l'aristocratie anti-nationale.

Par suite du dévouement des peuples en faveur des trônes écroulés ou chancelants, le Hanovre étendit ses limites et fut érigé en royaume par les souverains alliés. Le cabinet britannique qui se mêle de toutes les affaires du continent, même de celles du culte romain qu'il proscrit dans le royaume uni, a dû plus particulièrement exercer son influence sur cet état, héritage de ses rois. Des restrictions honteusement illibérales seront imposées au peuple hanovrien par la politique insulaire, comme elles le sont aux colonies anglaises, à tous les pays qu'elle a rangés sous sa désastreuse protection. Ainsi que dans les îles Ioniennes et dans la Sicile, avant d'être rendue à ses rois, un commissaire anglais y dirige l'autorité, selon qu'il convient aux intérêts présents ou futurs de la Grande-Bretagne. Partout où elle a pu établir des relations commerciales, elle a marqué sa domination par une alliance fictive. Si, en vertu de l'a. t. 13 de la confédération germanique, elle permet que le peuple hanovrien se donne une constitution, c'est le ministère anglais qui dirige les délibérations des états, écrites sous sa dictée; il en modifie, à son gré, l'exercice. Ce qu'elle est à Corfou, elle le sera dans le Hanovre.

Cependant des événements qui s'annoncent comme prochains, pourraient faire diversion à cet ordre de choses, et rattacher cette partie de l'Allemagne au système continental. La force de la confédération germanique, je dis plus, son salut, reposent sur l'union des membres qui la composent, en dernière analyse sur leur indépendance respective et sur la pleine jouissance des libertés qui constituent un véritable gouvernement représentatif. A cette seule condition, elle peut briser les entraves qui captivent l'industrie et le commerce dans l'Allemagne, et opposer une puissante digue au torrent qui semble la devoir submerger.

Il est temps que la navigation ne soit plus une tyrannie, et le commerce un monopole exclusif, un privilége de cet or qui coule de touts les points de la terre dans le trésor de l'échiquier, une partie refoule sur les cours pour y corrompre les ministres, alimenter les discordes, entretenir dans la paix un état ruineux de guerre, qui perpétue l'intervention du cabinet de Saint-James, et sa pernicieuse influence. Vainement la nature a séparé l'Angleterre du continent; il faut que les peuples sachent tout ce qui leur en coûte de privations pour l'entretien des armées, instrument et luxe du pouvoir. Qu'ils apprennent combien la liberté est moins dispendieuse que l'esclavage; qu'il n'y a pas de liberté où les citoyens ne gardent pas leur roi, la fortune publique, et eux-mêmes, où ils ne sont pas tous et toujours armés pour la défense de la patrie. La guerre défensive est la seule juste. Toute agression doit être réputée brigandage.

§. VII.

On compte le royaume des Pays-Bas parmi les états qui jouissent d'une loi fondamentale. Délibérée sans les concours des armes et de l'influence étrangère, acceptée de fait par la nation et par le roi, elle régit sans trouble et presque sans dissidence des peuples dont on a d'abord cru les intérêts et les habitudes inconciliables. J'ai dit presque sans dissidence, car il en est une qui sera d'autant plus durable, que l'autorité fera plus d'effort pour les vaincre. Le sacrifice d'une langue à une autre langue qui veut être exclusivement nationale, est impossible pour d'autres bonnes raisons; celle de la supériorité éminente de la première sur la seconde, dispense d'en donner d'autres. On n'impose pas une langue comme un impôt; on n'interdit pas une langue au peuple qui la parle, comme une marchandise étrangère.

L'épreuve calme et rassurante que la constitution subit depuis cinq ans a dû convaincre la nation et le monarque qu'elle manque de quelques garanties, considérées comme le complément du système représentatif. Je ne me permets pas de les indiquer. Ce silence est un hommage dû aux intentions droites, aux vertus patriotiques d'un monarque qui, par son attention à protéger la libre circulation des lumières atteste suffisamment la volonté de surmonter par leur douce influence tous les obstacles qui s'opposent au perfectionnement du pacte social.

On a pu craindre jusqu'à ce jour les manœuvres d'une corporation extra-nationale par les doctrines qu'elle professe; habile à éluder l'action du Gouvernement par des moyens que les lois ne peuvent atteindre, alors qu'elle n'ose hautement le braver ou le combattre. C'est principalement dans les provinces méridionales que es fauteurs de la théocratie romaine déguisés, fomentent sourdement l'esprit d'intolérance, et repoussent de tous leurs efforts les vérités morales, les principes régénérateurs des associations humaines. Le Gouvernement, de généreux citoyens introduisent-ils de nouvelles méthodes d'enseignement gratuites et populaires? elles passent au creuset théologique. Le synode ultra-catholique frappe d'anathème les professeurs, et interdit le pain noir de l'aumône à de malheureux enfants qui apprennent à suffire à leurs besoins par le travail, l'industrie et la soumission aux lois. L'intolérance du sacerdoce et la puissance spirituelle sont en telle contradiction avec l'esprit du siècle et tous les intérêts des nations, quels que soient leurs cultes, que ce doit être aujourd'hui un point convenu parmi les publicistes libéraux, de combattre avec les seules armes de la raison les forces sacrées qu'un abus déplorable essaie de tourner contre elle.

Le vrai se mesure aujourd'hui, sinon par les mêmes moyens, du moins avec la même précision que les distances. Le juste est pesé dans la balance des droits, et l'égalité est entendue dans sa véritable expression.

L'esprit et le caractère européen se montrent plus uniformes, et les différences qui ont long-temps servi à distinguer, à désunir, à aliéner les peuples les uns des autres, s'effacent à mesure que la physionomie hautaine de la caste féodale s'humanise, et que celle du ci-devant vilain gagne en dignité ce que la première perd en ridicule bouffissure. Nous commençons à reconnaître à des traits communs l'origine de la grande famille.

Ce rapprochement est très-remarquable dans le royaume des Pays-Bas, dont la population se composa d'abord de parties si hétérogènes, sous le rapport des mœurs, des langues, des cultes et des intérêts locaux, qu'on a long-temps douté que leur fusion fût possible; on n'avait pas calculé l'action du pouvoir légal sous un régime constitutionnel, surtout quand l'amour du bien anime le prince, et l'amour de la liberté ses sujets. Cet amour de la liberté politique et civile pourrait-il s'éteindre dans cette Hollande, qui, pauvre, faible, opprimée, sut la conquérir à force de courage et de vertus? Dans la Belgique, chez les Liégeois, ce noble sentiment a jeté dans tous les cœurs des racines si profondes, qu'il est considéré comme le trait le plus saillant du caractère national. Il ne manque à ces belles provinces du royaume des Pays-Bas, que de se voir affranchies des tributs qu'elles paient à l'Augleterre, que de rivaliser avec elle d'industrie et de commerce d'exportation.

Ainsi, une double impulsion accélère la marche du Gouvernement vers l'organisation complète du système représentatif, celle qui agit sur toute l'Europe et celle qui lui est propre.

Les provinces maritimes sont constamment exposées aux agressions hostiles de la marine mercantile des Anglais. Au moindre prétexte, ( et jamais prétextes ne manquent à cette politique habituée à exploiter la tyrannie des mers), ils bloquent leurs ports d'Europe, ils insultent leurs navigateurs dans l'Inde. La paix n'est pas une garantie. Les traités n'obligent que ceux dont ils se déclarent les ennemis. En vertu d'un acte de navigation, et seule partie contractante, l'amirauté britannique s'est attribué le droit de guerre et de paix, d'exclusion et de tolérance sur toutes les mers; l'Europe et l'Amérique n'auront-elles appris ce que peut une coalition bien entendue et savamment organisée, que pour subir plus honteusement le joug que l'orgueilleuse Angleterre leur impose?

## §. VIII.

Durant une période de soixante années, l'Angleterre ne compte que deux ministres nationaux, grands hommes d'état. L'un et l'autre ont voulu prévenir ou réparer les excès d'une aveugle et superbe domination. Les dernières paroles de lord Chatam annoncèrent l'inévitable châtiment qui suit les grandes injustices; cette âme généreuse, luttant contre la mort, retrouva à cette heure extrême toute son énergie, toute sa vertueuse éloquence. La fin prématurée de Fox abattit l'opposition presque toujours vaincue depuis, et livra le parlement aux intrigues vénales d'un ministère oligarchique. Membre des communes, il a combattu la tendance du pouvoir à renverser les barrières constitutionnelles; ministre, il a prouvé par ses écrits et par une administration légalement populaire, que la force et la prospérité britanniques résident dans l'union du pouvoir royal et du peuple. Fox, de son œil d'aigle, découvrait un avenir funeste à la nation, à travers la longue période d'une guerre favorable à l'ambition ministérielle; il avait opposé au génie implacable de Pitt l'issue de la guerre d'Amérique et l'opinion de son illustre père, à la tête du cabinet ; le temps manqua au dessein qu'il avait formé de pacifier l'Europe, et d'établir entre l'Angleterre et la France des rapports plus appropriés à l'esprit du siècle et au génie particulier des deux nations. Fox comprima long-temps l'impatiente ambition du parti olygarchique, et l'on peut juger les progrès rapides de l'autorité par le mécontentement qu'excite l'énorme abus que le ministère en a fait.

Nous avons vu naître et croître, sans nous en étonner, les troubles qui agitent la Grande-Bretagne. Ils étaient prévus comme les conséquences d'une administration audacieusement impopulaire. Les personnes (et le nombre en est grand) qui ont conclu de ces mouvements violents et tumultueux à une révolution dans le Gouvernement, ont peu réfléchi sur les obstacles, très-heureusement combinés, qui éloignent un semblable résultat. Elles ne connaissent pas la force intrinsèque d'une constitution qui a tout prévu, et qui a jeté de si larges, de si profondes racines, qu'il faudrait plus d'efforts pour l'ébranler qu'il n'en a fallu pour l'asseoir sur ses bases. Son destin est de résister long-temps encore aux coups qui lui sont portés par des ministres insatiables de pouvoir et de richesses. Que craindrait-elle du peuple ? Quand il se plaint, il l'invoque ; quand il la réclame, il la défend ; quand des ministres il appelle au monarque, il l'avertit du danger que courent la nation et lui-même. Si au contraire les agents du roi proposent au parlement une loi inconstitutionnelle, une mesure restrictive des immunités nationales, sous le prétexte qu'il est urgent de pourvoir à la sûreté publique, ils conjurent en effet un danger qui ne menace qu'eux-mêmes; c'est ainsi que depuis un demi-siècle le ministère sappe l'empire de la loi, l'usurpe, et tombe, parce qu'il réside en elle une force suffisante pour se relever.

La constitution anglaise est essentiellement conservatrice des droits qu'elle a consacrés. Chaque branche du parlement, éminemment national dans son institution, est gardienne nécessaire de la prérogative des deux autres; et la moindre gêne éprouvée par l'une d'elles dans l'exercice de son pouvoir partiel, appelle sur son ensemble l'attention et la censure publiques, espèce d'autorité plus odieuse aux ministres que celle du parlement. Il leur est si facile aujourd'hui de disposer de la majorité, et par elle d'assurer l'impunité des atteintes qu'ils portent à la constitution. Mais enfin la nation se lève, et les idoles du jour rentrent dans la foule, objets d'exécration et de mépris.

Que doit-on attendre aujourd'hui de la situation respective du peuple anglais et du ministère?

1°. Malgré l'approbation intempestive et froidement donnée par le régent aux événements de

Manchester, la prérogative royale, inviolable, sacrée, planera au-dessus de toutes les causes d'agitations, de troubles, de mécontentements; et fidèle au principe qui la constitue pouvoir populaire et national, elle ramènera aux lois fondamentales tout ce qui tend à s'en écarter, et l'union des branches législatives sortira de cette épreuve nouvelle plus intime et plus indissoluble.

2°. Le ministère sera recomposé, probablement national, mais plus probablement encore pour se laisser prendre, avec le temps, à la séduction du pouvoir.

3°. Une réforme parlementaire sera jugée indispensable en principe; mais l'exécution rencontrera des difficultés innombrables, précisément parce que cette opération devant atteindre le droit d'élection et celui de représentation, les ministres auront un plus grand intérêt à l'éluder. C'est ainsi que la réforme radicale sera ajournée jusqu'à de nouvelles usurpations de pouvoir, à de nouvelles mesures de rigueur de la part du ministère, à des réclamations, à des rassemblements de la part des réformateurs. Ceux-ci formeront désormais un parti subsistant, que l'opposition parlementaire mobilisera au besoin.

Un nouveau ministère est sans doute un remède pour des maux présents; on attend pour l'appliquer qu'ils soient extrêmes, et cependant on se gardera bien d'en extirper les causes. Elles existent dans l'excessive misère et dans l'excessive opulence, dans le but des aumônes, et dans la cumulation, sur quelques familles des dignités, des finances et du pouvoir; priviléges partout odieux, mais intolérables dans un pays où les hommes éclairés abondent, chez un peuple d'autant plus jaloux de sa liberté qu'il l'a plus chèrement achetée. Elles existent, ces causes, dans la dette nationale, incalculable, inextinguible et toujours croissante; enfin dans l'intolérance religieuse, et dans la loi d'exception qui pèse sur un tiers de la population de l'empire.

Si jamais une révolution s'accomplit en Angleterre, elle lui viendra du dehors. Il est dans l'ordre des vicissitudes que l'empire du trident change de métropole, ou mieux, qu'il n'en reconnaisse pas. Des rades aujourd'hui désertes se couvriront de vaisseaux. Aucune liberté n'aspire à devenir cosmopolite plus que la liberté de navigation et de commerce. Les hommes lancés sur l'Océan n'y ont-ils pas assez de dangers à courir? Faut-il encore qu'une puissance tyrannique y transporte les combats, les instruments de mort?

Les Anglais ne perdront donc leur constitution, que lorsqu'elle ne pourra plus les sauver; elle les défend d'une contre-révolution, mais non d'une invasion, d'une conquête. Leur gouvernement a tant de crimes politiques à expier, tant de vengeances à craindre! Les peuples, dans notre Europe, s'éclairent, s'unissent; dans l'Amérique du nord, ils atteignent leur maturité; ils croissent pour la liberté dans l'Amérique méridionale. Le système qu'elle adopte exclut la monarchie de ce vaste territoire. Les tyrannies de tout genre sont en décadence; toutes les suprématies usurpées touchent à leur fin. Nous verrons des coalitions maritimes, comme nous avons vu des coalitions continentales; et parce que plus divisée la terre est plus productive, la population toujours croissante se divisera elle-même en petits États qui s'uniront par le lien fédéral, et complèteront le triomphe de la liberté dans cette Amérique que le despotisme européen avait vouée à l'esclavage.

Ainsi qu'un géant de la fable, l'Angleterre étend ses cent bras autour d'elle, et saisit à son profit tout ce qu'elle atteint. Ces instruments de déprédations lui seront infailliblement enlevés; et si, comme il est permis de le prévoir, elle est un jour attaquée au centre de sa puissance, il faudra que John Bull émigre dans l'Inde, emportant sur ses vaisseaux ses ateliers, son industrie, ses trésors, c'est-à-dire, ses dieux. Puisse-t-il aussi sauver sa constitution, et réparer un siècle d'iniquités et d'outrages, en faisant participer aux bienfaits de la liberté ces peuples indiens si industrieux, si pacifiques. Corrigée par une grande infortune, puisse la nation anglaise, après cette époque fatale, mieux connaître la véritable gloire, celle de civiliser, d'éclairer des lumières de l'Europe les peuples superstitieux de l'Inde.

L'ordre moral obéit à des règles éternelles, comme l'ordre physique. L'arbitre suprême de l'univers préside aussi à l'harmonie sociale. La justice du temps, qui n'est pas celle des cabinets, est quelquefois tardive, mais elle est infaillible.

§. IX.

C'est une opinion vulgaire que la science du gouvernement est la plus difficile des sciences, et l'office de roi le plus pénible de tous. Les chagrins, les contradictions de tout genre s'asseyent, dit-on, sur le trône à côté des rois. D'où l'on conclut qu'il faut être né, instruit et formé pour la royauté.

Ce langage est usé comme tout ce que l'on débite sur le droit divin; bien plus, il n'est plus applicable qu'aux monarques absolus pour qui croissent les embarras et les dangers du gouvernement, quand il n'en existe pas pour les princes constitutionnels. Dans le régime arbitraire, il faut au maître des vertus qui tempèrent sans cesse la dureté du pouvoir; phénomène toujours rare, plus rare encore si le pouvoir est héréditaire. Sous le régime des lois, tout est prévu; la marche est tracée pour les dépositaires de l'autorité, et l'obéissance est honorable, parce qu'elle est dans l'intérêt de tous, parce que la dignité du citoyen ne souffre pas la faveur, la prédilection, le privilége. Dans cet ordre de choses il n'y a de place ni pour un favori, ni pour une maîtresse titrée. D'où je conclus, à mon tour, que, pour un monarque constitutionnel, scîence du gouvernement est tout aplanie et à la portée du simple bon sens. Quels soucis, quels remords assiégeraient, sur le trône, un prince que la presse, organe permanent et fidèle, avertit sans cesse du mal qui se fait, du bien qui ne se fait pas; un prince que la loi éclaire, que l'opinion publique environne, que son propre intérêt attache par un lien nécessaire aux intérêts nationaux, et pour qui la justice est moins un devoir qu'une douce habitude? Un tel roi ne se trompe que trompé lui-même par ses ministres : c'est à les bien choisir qu'est la difficulté. *Hic opus, hic labor.*

La Suède et la Norwége ont une constitution; de plus, des mœurs antiques et sévères. Dans l'une et dans l'autre, le peuple est probe, brave, laborieux. Il aime ses rois, mais plus que ses rois, la liberté; il l'a plus d'une fois, et tout récemment, prouvé. C'est par des actes, et non par de savantes discussions, qu'il établit le grand principe, que les rois sont faits pour les peuples et non les peuples pour les rois. Gustave descend du trône; le duc de Sudermanie y monte; celui-ci, affaibli par l'âge et par les maladies, adopte pour fils et pour successeur un général français connu par ses talents et par sa gloire militaire. Les états du royaume avaient indiqué ce choix au monarque; tout cela s'exécute sans contradiction. Voyons maintenant quel pénible apprentissage le roi Charles-Jean a dû faire pour régner sur une nation libre, avant de prendre les rênes du gouvernement? Il a médité la loi fondamentale, la nature et les bornes de son pouvoir. Ses vertus, ses lumières, son expérience et le caractère des deux peuples;

que de garants de la stabilité de la constitution et du trône !

Le gouvernement des peuples n'est donc une science difficile et compliquée que pour les princes qui font leur étude de conserver ou d'usurper un pouvoir sans limites. Ils rencontrent sur leurs pas des problèmes dont la solution leur découvre de nombreux écueils. Prétendre refouler sur eux-mêmes l'esprit du siècle, les vœux des peuples, le torrent des lumières, c'est une entreprise qui excède la mesure commune de la science diplomatique. Le cabinet britannique a-t-il manqué de génies féconds en ressources, habiles à torturer sa constitution, à transférer à des réglements de police la puissance des lois, à tromper, à séduire, à masquer la violence par le prétexte de la tranquillité publique? Où tant d'efforts d'esprit, de talent et d'audace ont-ils poussé les gouvernements en général? au bord de l'abyme. Ils s'y précipiteront infailliblement, s'ils n'opposent au danger que des systèmes de terreur, et l'appareil dont le despotisme s'entoure. Vainement des congrès et des diètes les délibèrent : les peuples n'ignorent pas ce que peuvent les rois qui se sont séparés des peuples; ceux-ci, depuis trente ans, attentifs aux causes et aux effets des révolutions, ont acquis le sentiment raisonné de leurs droits et de leur force. Cette double révélation a tout à coup dissipé les illusions et les prestiges dont s'entourait la royauté. Chacun sait ou doit apprendre pourquoi les uns commandent, pourquoi les autres obéissent. C'était ainsi avant que les hommes se donnassent des rois.

Il s'est formé entre les sociétés humaines une solidarité tacite dont nulle combinaison diplomatique ne saurait atténuer l'influence ni détourner les résultats. Ici la force est toute dans l'opinion, l'impuissance dans les baïonnettes.

Le bon sens et la probité sont donc les deux seules qualités obligées d'un roi constitutionnel. Les vertus d'éclat, le savoir, le génie même pourront décorer la personne auguste du monarque; mais ces divers mérites sont hors de la sphère de ses obligations. Dans les systèmes représentatifs tout se meut, tout agit, depuis le trône jusqu'à l'extrémité des rayons; et tous les moteurs et agents répondent au prince des droits, des libertés, des intérêts de la nation. La fonction de modérateur est celle du prince, placé au centre des mouvements, comme on suppose un pouvoir conservateur au centre des mondes. C'est ainsi qu'Homère a peint Jupiter présidant le conseil des dieux, retenant ou ramenant dans le cercle de leurs devoirs les puissances secondaires.

Le bonheur des peuples est la confirmation irréfragable de la légitimité des rois. Interrogeons dans tous les rangs l'opinion des Suédois et des Norwégiens; nous les trouverons unanimes dans la reconnaissance et l'amour dont ils paient les services du prince adopté; l'administration éclairée, vigilante et pacifique du monarque Charles-Jean.

Sous ses rois les plus despotiques, la Suède ne perdit pas un seul instant le sentiment de la liberté. Le féroce Christiern l'avait comprimée; l'appel de Gustave-Wasa lui rendit tout son ressort, et le sang du tyran vengea la liberté et la nation outragée.

La situation géographique des deux royaumes est telle, que les habitants, endurcis par une culture ingrate, et par la plus active industrie, sont, par cela même, toujours préparés à défendre leur pays et leur indépendance : pour leur ravir celle-ci, il faudrait conquérir les deux royaumes. Et quelle est la puissance du Nord qui pourrait tenter de former cette entreprise? La Russie? Ce succès serait pour elle en pure perte, à beaucoup d'égards. Son lien avec la Suède est à la fois politique et moral. La civilisation ne saurait entrer par trop de portes dans ce vaste empire. Les États du roi de Suède sont donc non moins physiquement que constitunellement libres; et dans la balance des valeurs politiques, ils ne sont pas uniquement appréciables par le nombre des habitants.

La nature et l'infécondité du sol prescrivent à la Suède la navigation commerciale, et lui font par conséquent un besoin de la paix. Elle lui est garantie, ainsi qu'une parfaite sécurité, par son alliance avec la Russie, qui elle-même manifestera peut-être bientôt une autre ambition que celle d'influencer les cabinets du continent. Un conflit maritime placerait la Suède dans une fâcheuse alternative, du moins pendant sa durée.

L'Europe est dans l'attente d'un événement que la justice et le droit des nations réclament. La guerre peut en être la conséquence immédiate. D'autres causes peuvent la rallumer au sein de l'Allemagne, l'y renfermer pour long-temps, et lui faire prendre le caractère de ce fléau qui, s'augmentant de toutes les passions, est à la fois le plus destructeur et le plus difficile à maîtriser : le foyer d'un pareil incendie peut porter bien loin ses ravages.

Tous les maux, sans mélange d'aucun bien, résulteront des conseils donnés à Carlsbad et des déterminations prises par la diète germanique, si le cri des peuples n'est pas écouté, si, persévérant dans leur aveuglement, les ministres des puissances prépondérantes poursuivent la stricte exécution d'un système de tyrannie qui serait impraticable partout ailleurs que dans la Péninsule. On se demande si, en stipulant la confédération allemande, tous les princes délibérants ont investi le chef de l'union d'un pouvoir absolu, arbitraire, qu'il exercerait dans son cabinet aulique? Un tel pouvoir n'émane ni de la nature de sa dignité, ni de l'acte qui la lui a conférée. La déclaration de l'Autriche, est un manifeste de guerre contre les peuples, fulminé *proprio motu*, par lequel leurs droits naturels et politiques sont sacrifiés aux intérêts féodaux; et les inconcevables délibérations, soit du congrès, soit de la diète, offrent à l'Europe consternée un code de police, si implicitement inquisitoriale, que, si elle était sanctionnée par le silence de l'opinion publique, elle serait méritée. J'ajoute qu'il faudrait désespérer de l'Allemagne pour le présent et pour l'avenir.

Il importe de remarquer ici que, si le roi de Prusse a concouru à cette extension des prérogatives accordées au chef de la confédération, c'est parce que d'une part son but est rempli, celui de perpétuer le gouvernement militaire dans ses États, et d'imposer silence aux téméraires qui réclament la foi jurée; d'autre part, parce qu'il est assez puissant pour ne pas craindre que l'atteinte portée aux droits des autres souverains confédérés, puisse le blesser lui-même. La suprématie subitement affectée par l'empereur pendant que l'article treize de la confédération germanique s'exécutait au gré de plusieurs princes et de leurs sujets, outre qu'elle proclame la suppression de cet article, et le refus formel de toute concession libérale, affaiblit, si elle ne le rompt pas encore, le lien de tous les autres princes et des peuples; ravit à ceux-ci le recours vers leur légitime souverain, au souverain; l'exercice de la justice que le peuple réclame. Est-il un prince qui consente à subir cette déshonorante spoliation? Dans son aveugle persécution des libertés allemandes, la cour d'Autriche a divulgué sa pensée tout entière; elle n'a plus de secret en réserve; les peuples qui lui obéissent savent à quoi s'en tenir: elle interdit aux princes qu'elle entraîne dans son ténébreux orbite, d'entendre les vœux de leurs sujets, ou de prévenir par des concessions, des réformes qui tôt ou tard seront exigées. Le Bavarois condamné par la commission prévôtale de Mayence, ne pourra, dans aucun cas, recourir à la justice de son prince, ni invoquer sa clémence.

Au nord de l'Allemagne, la Suède et la Pologne, la France et les Pays-Bas au midi, spectateurs de ce coup d'État, non-seulement inattendu, mais contraire à des espérances fondées sur la justice et la reconnaissance, tout en déplorant les malheurs de leurs voisins, rendront grâces aux Chartes qui les mettent désormais à l'abri des tempêtes politiques. N'est-il plus permis d'espérer le retour du pouvoir à la raison, à ses propres intérêts, dans cette Allemagne qui s'est montrée si fidèle, si généreuse pour ses princes aux jours de leurs infortunes?

L'opinion de chaque député au fatal congrès est connue. Ce ne sont pas les organes de la puissance impériale et royale qui ont obtenu les honneurs de l'initiative dans les délibérations; c'est l'interprète de la politique anglicane qui, depuis long-tems, a jeté le masque et ne rougit pas d'être en contradiction avec ses propres institutions.

Cependant, telle est la situation de l'Allemagne, à peu près centrale, par rapport à la France et au royaume des Pays-Bas, à la Suède et à la Pologne, que, pressée en tout sens par l'influence continue des principes et de l'exemple, qu'elle peut opposer une résistance invincible à ce nouveau genre de tyrannie, en rendre même les conséquences funestes aux auteurs imprudents, aux dociles exécuteurs des volontés de la diète germanique. Il ne faut qu'une grande iniquité pour séparer à jamais les nations de leurs gouvernements. Elles n'ont pas toujours la patience d'attendre les jugements de la postérité. Est-il certain que, fières d'avoir secoué pour leurs souverains et pour elles-mêmes le joug étranger, ces nations consentent à courber silencieusement la tête sous le joug nouveau qu'une politique ombrageuse s'apprête à faire peser sur elles. Il est au contraire à redouter que l'effet du système adopté ne soit de changer une fermentation qui n'accusait que la lenteur des ministres et les intrigues des olygarques, en une conflagration nationale dont les peuples, bien moins que le gouvernants auraient à redouter les résultats?

C'est ainsi que, pour couvrir leurs fautes, leur ineptie, et peut-être de honteuses malversations, des ministres compromettent la dignité et la majesté suprêmes. Le seul intérêt de l'humanité avilie, outragée, poussée au désespoir, suffirait pour fixer sur l'Allemagne l'attention de l'Europe. Mais à cet intérêt général viennent s'unir des sollicitudes plus particulières pour les États que régissent des lois fondamentales et des rois constitutionnels. Car, en supposant que les dispositions du décret de la diète par lequel sont interdits les souvenirs de services encore récents, et jusqu'à la faculté de la pensée, soient uniquement dirigées contre les États de l'Allemagne, qui ont fondé leur gouvernement sur la base de la représentation nationale, d'après l'article 13 du congrès de Vienne, il est impossible que les autres peuples libres de l'Europe n'y voient pas une attaque indirectement hostile, et une invitation à restreindre la liberté de la presse, canal dont la lumière guide la liberté, la rend désirable là où elle n'est pas, et pénètre jusque dans l'intérieur des cachots.

Certes, la race humaine fait depuis trop longtemps sa douloureuse éducation, pour qu'une poignée d'hommes puisse se flatter de lui en ravir les fruits, quand elle touche au terme de ses cruelles expériences.

## §. VIII.

En sa qualité de duc du Holstein, le roi de Danemarck s'est fait représenter aux conférences de Carlsbad. S'il est vrai, comme on l'a dit, que son ministre a voté à outrance l'anéantissement des droits des nations, l'intégrité de la hiérarchie féodale, et la violation des promesses royales, on ne devra pas s'en étonner ;

des sentiments contraires seraient une sorte d'infidélité, un trop honorable contre-sens dans le représentant d'un roi, seul peut-être légitimement despote, puisqu'il l'est par la délibération spontanée de la nation danoise.

Je m'arrêterai peu sur ce phénomène politique, d'autant plus étonnant, qu'il est aperçu dans une région qui retentissait encore du bruit de la réforme opérée par Luther, et quand la philosophie, vainement proscrite et persécutée par les gouvernements, commençait avec un étonnant succès l'instruction des peuples. Il suffit de savoir que ce bizarre abandon qu'un peuple fait de soi-même, ne sera pas contagieux; un tel emploi de la souveraineté nationale étant de fait et de droit non moins dangereux qu'extravagant.

Mais, nous devons observer ici l'irrésistible puissance de la nature des choses. Ce pouvoir arbitraire, ce despotisme illimité, aura pour modérateur le maître lui-même. Tout cherche et trouve nécessairement l'équilibre dans l'ordre moral, comme dans l'ordre matériel ; c'est le principe conservateur des choses et la mesure de la durée de nos institutions humaines.

Des esclaves, quel qu'en soit le nombre, ne sont pas une nation. Les rois de Danemarck ont senti dans leur conscience cette vérité; et réparant, par un gouvernement paternel, et visible à tous les regards, l'imprudente sécurité de leurs sujets, ils restituent aux Danois, dans l'intérêt de leur propre dignité, la dignité d'hommes dont ils se sont dépouillés en abdiquant le titre et les droits de citoyen. La différence entre les sujets danois et les sujets de tel ou tel monarque pourrait bien n'être pas à l'avantage des derniers. Tout despote incontestable qu'est le roi de Danemarck, il ne permettra pas que le régime imposé par la diète aux États de la confédération germanique vienne peser sur ses industrieux et paisibles sujets.

Plus continental que la Suède, le Danemarck est moins protégé qu'elle par sa situation : une convenance naturelle les place l'un et l'autre sous le protectorat du grand monarque de toutes les Russies. Cet empire appelé à dominer sur les mers, comme sur le continent, affranchira un jour les peuples navigateurs du Nord de la tyrannie britannique, et vengera le bombardement de Copenhague. Les Anglais sont les frères des Danois; mais frères ennemis.

Il est constant que le despotisme royal prend un tout autre caractère dans les petits États que dans les grands: il est moins arbitraire, moins sujet aux caprices. Le prince se considère comme un chef de famille, et cette heureuse illusion le dispose à aimer ses sujets, comme un père ses enfants; il vit au milieu d'eux, il les connaît tous ; et la flatterie écartée par la familiarité ne lui dérobe pas la connaissance du mal qui se fait ou du bien qu'on désire : à moins d'être un monstre, ce despote sera un homme juste, et la justice doit être la bonté des rois.

Telle est, dit-on, la politique qu'ont adoptée les rois de Danemarck. Celui qui règne actuellement scandaliserait le plus mince baron de la gothique Germanie; de là vient que, sous bien des rapports, les Danois ne sont inférieurs à aucune autre nation européenne: on loue leur bonne foi dans les transactions civiles et dans le commerce. Il n'est pas, ce me semble, hors de toute vraisemblance que leur prince, cédant à l'esprit du siècle, lorsqu'encore les potentats ses voisins s'en défendront ( ses vertus vraiment royales promettent à son peuple, ce glorieux avenir,). veuille garantir aux fils, par des institutions libérales et positives, le bonheur dont les pères ont joui par sa seule bonté. Que manque-t-il aux Danois, l'avenir; c'est-à-dire, que la bienfaisance du prince soit convertie en loi fondamentale de l'État; qu'ils ne soient pas heureux à titre gratuit, mais à titre irrévocable et national. Un ordre de choses qui ne dérive pas de la nature des pouvoirs, ne peut pas être durable. Le mouvement est nécessaire à la stabilité des gouvernements: il en est la vie, tandis qu'il est régulier. Ce n'est pas sans raison que les corps politiques sont comparés au corps humain, et qu'on représente l'absolu despotisme sous l'image du ténébreux, de l'immobile chaos. Du mouvement imprimé par le créateur à l'univers, naquirent la lumière et l'harmonie que nous devons trouver dans tout ordre politique et moral. Cet ordre est éminemment visible dans les gouvernements représentatifs qui, sous des formes diverses, ont pour base l'égalité des droits, et pour résultat l'indépendance de la pensée, la liberté civile et religieuse.

## §. IX.

Il n'est pas de désordres, d'iniquités et de violations des droits les plus communs qu'on ne dût attendre de la stricte exécution de la police inquisitoriale, et de la justice prévôtale si imprudemment décrétées dans la ville *libre* de Francfort, si elle était possible. Assez heureusement l'excès du mal en est le remède. Pour atteindre le but, les pouvoirs délégués seront insuffisants.

Les journaux seront réservés, timides. Mais on les interprétera, on les entendra à demi-mot. Les publicistes, les professeurs seront muets, mais ce silence même grossira la terreur, et la terreur produit l'inertie, terme fatal à la tyrannie: quelle que soit l'autorité qui s'empare du droit de punir l'opinion quand la loi ne poursu t que le crime, elle se détruit par l'impossibilité de l'atteindre; on n'embastille pas les nations, on ne convertit pas en cachots de grandes cités; on n'interdit pas la pensée et les vœux dans tout un royaume; mais au contraire, la pensée qui circule dans le secret est plus active, plus énergique, et des vœux humblement exprimés prennent, par le refus de les entendre, le caractère inflexible de volonté nationale. Tel fut chez les Français l'effet d'une opposition calculée d'après les pertes des privilégiés, non d'après les justes acquisitions de la masse, d'après les prétentions, et non d'après le code des droits.

Comment s'y prendre pour emprisonner les lumières en même temps que les écrivains? La censure et la persécution ne peuvent plus empêcher la circulation des principes et des vérités dont les universités ont retenti et dont la génération présente s'est heureusement nourrie. C'est un mal consommé, irréparable; mais il faut arrêter dans son cours la dépravation des esprits, et donner de plus grandes dimensions *au boisseau* sous lequel doivent être renfermés et s'éteindre à jamais, pour l'heureuse Allemagne, tous les foyers de lumière. A cet effet, on prétend que les villes anséatiques, Hambourg, Brême, Lübeck, vont être élevées au rang de principautés, et à l'honneur de faire partie de la confédération germanique. L'organisation intérieure de ces États se fera dans l'esprit et selon les vues du chef suprême. On douterait d'un pareil abus de la force, si les choses faites ne rendaient pas vraisemblables les moins possibles.

Des rapports nombreux avec la république, l'empire et le gouvernement royal ont dû familiariser les villes anséatiques avec les idées libérales, et ce que les souverains eux-mêmes ont appelé l'esprit du siècle; il nous a semblé d'abord que cet esprit serait celui qui dirigerait les cabinets. Mais le charme n'a pas duré.

Quoi qu'il en soit, si la semence du *mal français* a germé dans les villes anséatiques, il est très-expédient de les renfermer dans le cordon des douanes germanico-fédérales, et d'en extirper les racines. Quelle ample curée à livrer à la justice prévôtale!... Que de matières à auto-da-fé; il n'est pas probable qu'il ne s'opère une espèce de contact entre commerçants, banquiers, savants des villes libres et de la capitale du monde civilisé. C'est assez d'un philosophe pour corrompre un royaume. Voltaire fait encore des philantropes, et Mahomet ne fait plus de croyants. Comme à Jéna, à Weimar, à Berlin, la philosophie moderne a pu infecter de son poison les écoles des cités anséatiques, et la jeunesse peut y être dépravée par ses maîtres :

Rompez, rompez tout pacte avec l'impiété.

On ajoute que Francfort, le siége de la diète germanique, c'est-à-dire impériale, abdiquera le titre de ville libre, qui offense, dit-on, *les oreilles* de son aristocratique sénat, et qui ne serait, au fond, qu'un ridicule ou une mystification; les mots *libre, liberté*, et tous leurs dérivés devant être interdits dans toute l'étendue des États confédérés, comme séditieux, révolutionnaires, et provoquant à la révolte.

On sait de quelle espèce d'indépendance ont joui dans tous les temps les villes libres de l'Allemagne; mais enfin, ce sont des places de banque, des entrepôts de commerce; Hambourg est un centre de négociations entre le nord et le midi de l'Allemagne. On n'a pas toujours respecté leurs priviléges, leurs propriétés, leur organisation municipale et judiciaire : placées au milieu des tempêtes qui ont fondu sur l'Allemagne, elles ont eu leur part des ravages. C'est une nécessité pour de petits États qui ne sont indépendants que parce qu'ils sont protégés. La paix leur rend les avantages de la cité, leurs juges naturels, leurs magistratures populaires, l'assiette et l'administration des impôts, la liberté civile et individuelle. Les maux qui résultent de la guerre sont passagers ; un bon gouvernement les répare. Mais si la révolution dont on menace les villes anséatiques s'accomplissait, les maux qu'enfante la servitude seraient à jamais leur inévitable partage.

## §. X.

Si nous considérons la Russie sous les rapports de la puissance, de l'étendue du sol, et du nombre des sujets, il est facile de prévoir, et même de déterminer quelle influence elle peut exercer un jour sur les affaires générales du continent. Pour premier essai de sa force, elle a imposé silence aux cabinets les plus intéressés à ce qu'elle n'occupât point la Pologne. Le repos de l'Europe et l'indépendance de l'Allemagne peuvent dépendre désormais de la modération de ce nouvel empereur et roi; garantie bien incertaine : cette vertu est celle d'Alexandre, mais peut-on se flatter qu'elle soit héréditaire sur un trône dont le maître peut armer un million de soldats, et tenir en réserve sur ses frontières, une armée toute aussi nombreuse ? J'ai déjà dit quelles doivent être à cet égard les craintes de l'Allemagne arbitrairement gouvernée, succombant sous le poids des douanes, des impôts, et des redevances féodales ; et ses espérances, si elle les fonde sur la liberté des peuples, qui seule les intéresse à la défense du gouvernement et du trône. Point de patrie, point de nation, point d'armée. Les trônes s'écroulent, les nations restent : lequel des deux est l'appui de l'autre ?

On objectera peut-être que, d'après ce raisonnement, il n'y a pas tant lieu de s'effrayer des projets de conquête que les monarques russes peuvent être tentés d'entreprendre.

Je répons que du Nord au Midi la pente est naturelle ; que pour opérer de subites irruptions, la Russie possède les meilleures troupes, des barbares indisciplinés, et des serfs fanatiques : enfin, que la partie civilisée de ce vaste empire n'aura pas en vain appris de Napoléon la tactique expéditive et meurtrière que son funeste génie inventa et accommoda à son impatiente ambition. Je répons en second lieu que les troupes régulières de la Russie ne sont ni moins instruites, ni moins braves que ne le sont en général celles des autres nations de l'Europe ; et qu'en somme, le nombre doit imposer la loi, les formes du gouvernement restant ce qu'elles sont.

Il n'est pas permis de douter que la grande pensée de l'empereur Alexandre ne soit d'étendre le bienfait de la civilisation dans ses immenses États. Sous ce rapport, il a trop à faire pour jamais être épris de la folle gloire des conquêtes. La constitution qu'il a donnée aux Polonais prouve suffisamment que le sentiment d'une gloire plus vraie et plus durable remplit sa grande âme. Si, au bruit d'événements inattendus ses regards se portent de nouveau sur l'Europe, ce ne peut être que pour y consolider la paix, et cimenter l'union des peuples et des rois selon l'esprit du siècle : paroles mémorables qui retentissent encore dans tous les cœurs, quand d'autre part la foi de grandes promesses violées, plonge l'Allemagne dans une profonde consternation, tout à coup poussée de l'espérance au désespoir, et flottant dans l'alternative de souscrire au servage féodal ou de conquérir la liberté. Les ministres des rois ne doivent-ils pas craindre, qu'après avoir versé leur sang pour relever les trônes, les peuples ne le versent pour eux-mêmes? L'incendie une fois allumé, sera-t-il en leur pouvoir d'en éteindre les flammes, d'en maîtriser la fureur? Comptons les ministres qui, depuis Séjan, n'ont pas trompé leurs maîtres. Le dénombrement sera court et facile.

Mais comment se fait-il que quatre années depuis le congrès de Vienne se soient à peine écoulées, et qu'on ait oublié à Carlsbad dans quel sens et dans quelle intention fut délibéré et rédigé l'article treize de l'acte fédératif, de tous le plus important, le plus solennel, le plus obligatoire? Les diplomates ont-ils été investis du pouvoir d'annuller tout ce qui s'est dit, tout ce qui s'est fait dans le même esprit au congrès d'Aix-la-Chapelle, dans ce conseil de souverains? Oui, et la circonstance est remarquable, c'est l'œuvre des souverains que des ministres annullent. C'est le premier ministre d'un de ces souverains qui provoque contre tous les peuples de la confédération le régime le plus oppressif à la place du régime qui leur est promis : exemple unique de mépris et de dérision! insupportable affront infligé à des nations braves et généreuses.

En parlant du bienfait non sollicité d'Alexandre envers les Polonais, j'ai dit qu'il lui était réservé de rendre à l'humanité des services plus mémorables encore. Outre la civilisation qu'il a à créer dans celles de ses provinces que couvrent les ronces de la barbarie, la Providence l'appelle à la gloire de la plus juste, de la plus éclatante restauration, celle de rendre à l'existence politique et civile cette antique Grèce qui fut le berceau de la liberté; et sous les auspices de la liberté, la patrie des sciences et des arts, l'école où les Romains apprirent tout, excepté à modérer le pouvoir dans la paix, et à être justes et humains pendant la guerre. Cette belle conquête manque à la civilisation européenne : j'ai dit que la gloire en est réservée à Alexandre par la Providence; car, en donnant le pouvoir, elle a imposé de grandes obligations à celui qui l'exerce : l'émancipation de la Grèce est d'un rigoureux devoir pour le seul monarque qui puisse l'opérer (a).

La puissance ottomane désola long-temps les plus riches contrées de l'Europe, et fut sur le point d'y établir sa domination et son superstitieux fatalisme avec toutes ses conséquences. Ce danger n'est plus à craindre; mais il reste un affront à effacer. Bysance et le Bosphore attendent un autre régime et d'autres lois. Les possessions du Grand-Seigneur dans l'Orient européen, forment une barrière où s'arrêtent les progrès

---

(a) Et qui ne sourirait de nos jours à l'idée de voir le nouvel Alexandre, roi constitutionnel de la Macédoine régénérée ?

de la civilisation et des lumières, S'il refuse de se remettre sur son terrain, il sera juste autant que facile aux puissances intéressées de l'y refouler.

De tout ce que j'ai dit dans les paragraphes sur la Pologne, la Russie et l'Angleterre, il suit évidemment que l'Europe est menacée de subir une double dépendance, l'une maritime, l'autre continentale; l'une hypothétique, l'autre devant encore long-temps l'accabler de tout son poids. Pour conjurer les tempêtes sur l'un comme sur l'autre élément, pour rouvrir les routes des mers aux navigateurs cosmopolites, pour affranchir le commerce de tous les peuples des explorations fiscales et des honteuses entraves auxquelles les soumet une domination usurpée, un seul moyen existe, c'est de restituer aux hommes leurs droits naturels et politiques; c'est de relever leur courage par le sentiment de la liberté; c'est de nationaliser dans chaque division de la famille européenne le gouvernement représentatif. Ainsi seraient remplis les vœux des peuples, et les trônes affermis; ainsi l'égalité légale de citoyen à citoyen, l'égalité naturelle de peuple à peuple seraient rétablies.

L'efficacité du moyen est démontrée par les frais d'or et d'intrigues que fait l'Angleterre pour rivèr les fers des nations. Elle soudoie le despotisme, afin d'exploiter seule tous les fruits de la liberté.

# DEUXIÈME PARTIE.

*États du Midi.*

## §. I$^{er}$.

Comme les Allemands, les Italiens ne forment qu'une nation divisée en de nombreux États. Sous un autre point de vue, l'Italie est dans l'Europe civilisée le triste pendant de la Grèce. Plus souvent dévastée, sillonnée en tous sens par les traces profondes qui marquent les pas des Barbares, cette antique patrie de la liberté, cette terre classique des arts, qui, dans ses ruines plus que dans ses modernes monuments, est encore l'école du goût; l'Italie comme la Grèce attend un esprit régénérateur; et la nouvelle Rome, si indifférente à la gloire et aux vertus des grands-hommes qui ont illustré l'ancienne, a pu craindre naguère ce qui doit se réaliser un jour, que le génie de la liberté ne relevât ses autels et son culte, là même où gisent, abandonnés à la voracité des siècles, les tombeaux des Emile, des Caton, des Cincinnatus. Il me semble voir le Temps assis sur la cime orgueilleuse du dôme consacré au dieu de l'étable et de la pauvreté, par un vicaire assis sur le trône, succombant sous le poids de sa tiare, surchargé de trois couronnes, armé de la foudre contre ces mêmes rois auxquels son maître lui commande d'être soumis ; il me semble, dis-je, voir le Temps lever sa faulx sur tous ces monuments d'une fausse grandeur, et d'une voix qu'entendront tous les peuples de la terre, n'épargner que ce qui est véritablement grand, selon les lois divines et humaines ; et ces lois sont écrites dans les esprits et dans les cœurs que ne dépravent ni le privilége, ni l'intolérance (3), ni la soif du pouvoir.

Ces esprits éclairés, ces cœurs droits ne sont pas en majorité dans le monde. C'est, hélas! une affligeante vérité. Mais la raison humaine s'est assez élevée au-dessus des préjugés, des erreurs qui ont tant prolongé son enfance, et si long-temps retardé sa maturité, pour qu'elle puisse continuer et accomplir sans obstacle sa lumineuse révolution. Déjà son flambeau éclaire sans prédilection l'un et l'autre hémisphère ; elle apprend à l'homme que sa dignité est dans son intelligence, son bonheur dans le bien qu'il fait à ses semblables plus que dans celui qu'il en reçoit, qu'il faut plaindre celui dont la raison est encore captivée sous le joug des superstitions bizarres, insensées, malfaisantes, et que pour l'en affranchir il suffit de démasquer l'imposture sans persécuter l'imposteur. Les armes de la raison sont la tolérance et le bienfait. L'imprimerie est le levier et le point d'appui sur lequel elle fonde l'empire de l'opinion. Il n'en est plus pour les fausses doctrines; la nature est comprise; quant aux droits et aux destinées des hommes, c'est à leur propre raison qu'elle a commis le soin de les découvrir et de les fixer. Appliquer exclusivement à l'ordre social les droits révélés et divins ne serait désormais qu'une erreur absurde ou qu'une politique surannée. Si l'ignorance les a pu long-temps accréditer, elles s'évanouissent partout où pénètre la lumière. Telle n'a pas été la politique des pontifes romains; et cependant telle est la morale de l'Évangile, et la doctrine dont la garde et la propagation leur sont confiées. Les successeurs des Césars ont presque tous sacrifié l'humble dieu de vérité aux dieux superbes du paganisme. Il en est peu, très-peu qui aient pratiqué les vertus de leur maître, et marché dans la route qu'il leur a tracée; presque tous, au contraire, ont aspiré à fonder sur la terre un royaume auquel ils n'étaient pas appelés. On sait par quels moyens les papes sont devenus les maîtres de Rome, et successivement les tyrans de l'Italie, les arbitres des rois, et les propriétaires suzerains du globe; on sait d'après quels titres fabriqués par eux-mêmes ils ont disposé des peuples et des couronnes, allumé des guerres lointaines, entretenu dans l'Europe le foyer des discordes, des haines, des vengeances; on sait ce que coûte à l'humanité le prosélytisme pontifical dans les quatre parties du monde ; ce qu'il a coûté, ce qu'encore il coûtera de croyants au christianisme lui-même, dont la charte, si elle avait pu périr, n'aurait péri que par l'abus que Rome fait de la double puissance, union monstrueuse, ne fût-elle pas condamnée par l'Évangile. Si tout se conserve par les modifications que le temps réclame, la ruine des institutions qui résistent au temps est inévitable et certaine. Dans la présente hypothèse, la victoire du temps sur les usurpations pontificales serait complète si le pontife-roi n'avait d'autre appui que lui-même; ce qui reste d'ascendant au Vatican, il le doit à ce qui reste de préjugés et d'erreurs dans les systèmes politiques. Mais que les gouvernements profanes cessent de s'appuyer sur la puissance des papes, dès-lors elle s'évanouit, dès-lors le pouvoir suprême dérive de sa source, pur, inaltéré et doué de toute sa force.

Montesquieu a déterminé la durée du christianisme papal (*a*). Il s'est trompé, parce qu'il

---

(*a*) *Lettres persanes.*

manquait des données qu'il aurait aujourd'hui. La lutte politique marche rapidement à son terme, et ce terme sera celui où toutes choses seront remises à leur place.

Si le saint-office romain avait fait écrire l'histoire (1) des papes sur des monuments que lui seul aurait fournis, nous posséderions une justification complète de tous les crimes, qui, (*a*) au nom de Dieu et de la religion, se sont répandus sur la terre. Nous devons à l'invention de l'imprimerie des écrivains indépendants, et à ces écrivains des annales dignes de foi. La critique a porté son flambeau jusque dans le sanctuaire mystérieux de la politique romaine; elle a éclairé les intrigues des papes dans les conciles et les fourberies des cardinaux dans les conclaves. Sans doute d'énormes forfaits, de nombreuses profanations des choses saintes et de coupables simonies, ont souillé la chaire de Saint-Pierre, et se sont dérobés à la justice du temps; mais c'est assez des faits qu'a pu nous transmettre l'histoire même écrite sous l'influence redoutable et vindicative du clergé romain, pour être autorisé à croire que la tyrannie des papes offre autant d'exemples de scandale, d'irréligion, de perversité et d'effusion de sang humain qu'en

---

(*a*) Alexandre VI, César Borgia, etc., etc.

retrace le tableau des règnes odieux des Tibère, des Néron. Que serait-ce si les historiens de l'Église, de ses chefs et des moines leurs auxiliaires, eussent hérité du burin de Tacite et de sa haine courageuse contre les tyrans!

J'ai traversé d'un pas rapide de longs siècles d'ignorance, de barbarie et d'ambition sacerdotale, pour me placer sur la scène politique européenne. Ce coup-d'œil jeté sur les premières révolutions que l'Italie désolée et couverte de débris a éprouvées, répandra un grand jour sur les causes qui ont produit l'existence, en quelque sorte négative, à laquelle elle est encore pour long-temps condamnée. Il est également facile d'établir et ce qui fait son immobilité, et ce qui doit un jour lui rendre la vie sociale, et nationaliser de nouveau ces Italiens qui n'ont de commun entre eux que le langage et la servitude. La distribution actuelle de la force et de la puissance dans l'Europe, ne permet pas à l'Italie d'espérer que de son sein puisse naître un système d'amélioration.

Un homme nous a paru aspirer à cette gloire; nous avons salué la liberté renaissante dans l'antique Ausonie. Du Nord au Midi, du Pô jusqu'au-delà du Tibre, les cris d'indépendance et de liberté se sont fait entendre; les Alpes et les

Apennins en ont retenti : ce n'était qu'une illusion ; le vainqueur des princes trompait les peuples, trahissait sa vocation et les desseins du gouvernement français. Après chaque victoire sur les rois, il projetait pour lui-même le despotisme universel ; et quand il écrivait au Gouvernement de la *grande nation* en vainqueur républicain ; quand, devenu général en chef de la république, il illustrait sa haute et unique dignité par les victoires d'Arcole et de Marengo, il conspirait contre sa patrie, et comptait ces mêmes victoires comme les échelons par lesquels il monterait au trône. Ce trône fut le prix du sang des Français ; leur liberté politique et civile, le premier holocauste exigé par celui que la nation venait d'y élever. J'en demande pardon à la France ; non, ce n'est pas elle, c'est l'armée qui éleva son chef sur le pavois.

Observons maintenant une à une les principales divisions de l'Italie, et recherchons les effets déplorables de l'influence des papes, exerçant une sorte d'autorité, si non infinie, du moins indéfinie, sur les hommes et sur les choses, autorité d'autant plus puissante, qu'elle a été plus nécessaire au pouvoir absolu pour river les fers des peuples ; d'où il suit bien évidemment que cette bizarre autorité doit décroître dans la proportion des conquêtes que fait la liberté par la progression des lumières, l'adoption du système représentatif, la communauté d'intérêts entre les peuples et les rois.

Cette perspective porte l'épouvante dans le Vatican; sa politique nous révèle ses secrètes alarmes; il affecte, dans toute leur rigueur, la sévérité des prétentions ultramontaines; il négocie avec les envoyés des princes allemands, comme un souverain avec ses vassaux. Il augmente sa milice monacale, et dissimule jusque dans les dénominations sous lesquelles il l'envoie; il infeste les pays catholiques de jésuites, sous le nom de missionnaires, de pères de la Foi. Si le vicaire du Christ était animé de l'esprit de son maître, il verrait sans effroi cette vicissitude purement humaine; il verrait que, débarrassé de soins profanes et temporels, redevenu premier pasteur des ouailles que le Sauveur a rachetées, il serait plus grand par les vertus, et plus puissant par les œuvres.

Nos langues modernes manquent de termes propres pour exprimer ce que très-improprement nous appelons la puissance spirituelle. La religion est autre chose qu'une puissance, plus même qu'une puissance; elle n'agit pas par le glaive, mais par la persuasion. La religion des chrétiens se compose comme toutes les autres, mais à un degré de perfection qu'aucune autre n'a atteint, de préceptes, de maximes, de rites, de cérémonies. Les dogmes consacrés par l'Évangile sont l'égalité des hommes devant Dieu leur créateur et leur père, la charité, l'amour, l'indulgence (*a*), le pardon des injures, dogmes obligatoires pour tout chrétien. Je ne parle pas des dogmes qui sont du domaine de la foi, qui elle-même est un don du ciel: c'est l'ultrà-christianisme, non moins étranger à la morale évangélique, qu'inaccessible à l'humaine intelligence. Or, serait-ce sur la religion pratique que s'exercerait le pouvoir spirituel? Non, sans doute; le conseil et l'exemple sont les seuls auxiliaires du précepte. C'est donc sur la religion spéculative et mystérieuse que le despotisme armé du glaive, et le despotisme armé de foudres imaginaires, formant une monstrueuse alliance, ont long-temps agi de complicité; et c'est cette adultère combinaison qui a versé sur la terre tous les fléaux qui, pendant quinze siècles, l'ont ensanglantée, incendiée; qui a dévoué les habitants à l'ignorance, à tous les vices que la servitude engendre, à toutes les fureurs que le fanatisme

---

(*a*) On en trouvera un touchant exemple dans la sublime parabole de la Femme adultère; et des hommes qui se disent chrétiens, osent prêcher l'intolérance!!

allume. Et ne voit-on pas tous les jours les efforts que font à la fois les monarchiques féodaux et l'ultrà-montanisme romain pour arrêter les progrès de la civilisation politique, et la réforme des impostures religieuses, pour rétablir l'empire permanent du sacerdoce par la superstition, et l'arbitraire du despotisme par la terreur. Les jésuites et les olygarques marchent de front.

## §. II.

Les feux intestins du Vésuve s'élèvent en colonne de flamme, et retombent en torrent dévorant sur les riches campagnes de Naples. Les secousses qui ébranlent les flancs embrasés du volcan se font sentir sous les fondements de cette cité, que l'exemple de Pompéïa semble préparer au même destin. Mais l'espérance calme la crainte d'un danger que voile un sombre avenir. Mais le gouvernement napolitain a subi, pendant plusieurs siècles, d'accablantes calamités, de sanglantes révolutions, qu'elle a dues à l'influence ambitieuse, et par conséquent hostile, que la politique romaine a exercée sur l'Italie, depuis que les évêques de Rome en sont devenus les souverains; depuis que, cessionnaires frauduleux de l'exarchat, ils ont fondé sur le pouvoir fantastique des clefs un système d'usurpations temporelles, de domination universelle qu'on a vue prête à s'accomplir dans Rome moderne, ainsi que dans Rome ancienne : et comme dans tout État despotique, il faut que l'abus de pouvoir détruise le pouvoir ; l'abus fut tel, que l'Église en vint à une réforme dans son chef et dans ses membres. Époque mémorable, où furent manifestées les déclarations des droits de la raison humaine. Voilà la première cause de la déchéance progressive de l'influence pontificale. D'autres sont survenues. Les conseils diplomatiques délibèrent comme les médecins réunis autour d'un malade; pronostic certain d'une mort prochaine.

La proximité du royaume de Naples avec l'État romain lui a été plus funeste que le Vésuve. Comme vassal, les affronts lui ont été prodigués ; comme allié, il s'est vu forcé de favoriser une ambition contraire aux intérêts de la couronne; et ses sujets ont, pour ainsi dire, reçu de la première main les dons des superstitions, le goût du monachisme, de la paresse, et le droit de mendier le pain de chaque jour. On se souvient du contraste qu'offraient aux regards des voyageurs la magnificence de Naples, sa cour voluptueuse, sa noblesse opulente, avec la nudité sale et paresseuse des dernières classes du peuple, avec l'aumône commandée plus que sollicitée, avec les miracles de Saint-Janvier. Une révolution changea momentanément l'état de Naples; et, chose remarquable, cette révolution fut l'œuvre de la noblesse. En effet, elle seule pouvait la faire; et comme alors les vues de Napoléon sur sa famille, ainsi que son hypocrisie républicaine, n'étaient pas encore pénétrées, l'aristocratie du royaume se flattait d'ériger à son profit, et dans son unique intérêt, une république sur le modèle de Venise ou du canton de Berne. Elle était révolutionnaire sans la nation et contre la nation. A des époques postérieures, les Napolitains ont paru susceptibles, sinon d'une civilisation libérale, du moins d'obéissance légale. Sous les deux rois français, le ressort révolutionnaire suppléa à celui d'une charte vainement sollicitée. Joachim n'était à Naples qu'un préfet révocable; et le jour où il voulut être roi, il cessa de l'être.

Il n'entre pas dans le plan que je me suis tracé de m'arrêter sur les événements de cette époque. Renfermées encore dans les cabinets des princes contemporains, les causes en seront manifestées; elles réclament toute la sévérité de la critique, et toute la fidélité de l'histoire.

Cependant les traces de la révolution napolitaine ne sont pas totalement effacées. Je voudrais faire honneur à un roi que la paix de l'Europe a replacé sur le trône, de la modération, de l'indulgence qui ont marqué et suivi cette restauration ; mais je suis plus porté à croire que la politique seule a indiqué à Ferdinand la ligne de conduite qu'il lui convient de suivre. Sa capitale n'était plus telle qu'il l'avait laissée ; le séjour des Français y avait, pour ainsi dire, déposé un levain qui pouvait être mis en fermentation dans une cité populeuse, mobile, et partagée d'opinions et d'intérêts. Quels étaient les coupables, dans le sens de la puissance royale ? Les nobles. Mais les nobles sont les appuis du trône ; les punir, c'était l'ébranler. La clémence et l'oubli sont donc peut-être à Naples des précautions obligées plus que des vertus royales. Mais reconnaître cette obligation, c'est préluder clairement à la reconnaissance de droits et d'intérêts plus généraux ; c'est avancer d'un pas vers le système représentatif.

### §. III.

La Sardaigne et ses dépendances furent conquises par les armes de la république française ; mais son gouvernement resta le même. Il n'en fut pas ainsi du Piémont, dont la population demanda et vota, à la presque unanimité, sa réunion à la France. Les procès-verbaux qui la constatent sont déposés aux archives du ministère des relations extérieures. Cette acquisition était évidemment importante pour la république, et avantageuse aux intérêts politiques et commerciaux du peuple piémontais. Cette considération n'entra pour rien dans la manière dont les princes alliés jugèrent, au congrès de Vienne, la cause des rois que la révolution avait précipités du trône. Celui de Sardaigne recouvra ses États; et, ce qui n'est pas également juste, on y adjoignit l'État de Gênes.

On découvre tous les jours un effet bien bizarre de l'influence que Napoléon vaincu exerce dans les cabinets des diplomates; comme lui, ils disposent des peuples sans leur consentement; comme lui, ils font des royaumes et se les approprient; comme lui, ils exagèrent l'état de guerre en temps de paix, ruinent l'industrie, les arts, le commerce; comme lui, ils favorisent la fiscalité; et les impôts entretiennent en partie le luxe des états-majors. Est-ce que Napoléon a mieux connu et mieux appliqué, que personne avant lui l'art d'asservir les peuples, *la science du pouvoir?* Elle n'est depuis long-temps que trop connue. C'est la science des droits et des devoirs que les rois, non moins que les peuples, sont également intéressés à cultiver et à propager. Napoléon proclame sur le rocher de Saint-Hélène son erreur et la tendance du siècle à la liberté : l'oreille orgueilleuse des monarques absolus se referme, pour ne pas entendre les leçons du malheur et du repentir.

Nous verrions plus d'accord dans l'Europe pacifiée, si l'on eût mûrement examiné les points de contact et les points discordants entre les peuples qu'une politique dirigée par des intérêts personnels a réunis et soumis à un régime différent de celui dont ils avaient l'habitude. Cette opération diplomatique sera difficilement sanctionnée par la nation génoise ; une association forcée convertit le bon voisinage en implacable inimitié. Rien n'est plus difficile que la fusion de deux peuples, dont l'un perd son existence politique, son nom, son rang, sa souveraineté nationale. Pour lui, s'adjoindre, c'est passer sous le joug ; surtout s'il n'y a compensation, ni sous les rapports moraux, ni sous les rapports de la richesse, de l'industrie, du commerce. Dira-t-on que l'Angleterre convoitait l'État de Gênes, et n'aurait pas manqué de prétextes pour s'en emparer. Et vous, souverains de l'Europe, manquez-vous de bonnes raisons pour vous opposer au système d'usurpation que le Gouvernement britannique a déployé, et ne cesse d'étendre sur tous les points du globe, qui lui garantissent l'empire des mers, et par là l'ascendant de son cabinet sur tous les cabinets européens ; reine des mers, arbitre de la fausse politique qui dirige le continent, l'Angleterre, seule indépendante, tient ou menace de tenir dans sa dépendance l'univers.

## §. IV.

La Toscane fut libre, heureuse et brilla de l'éclat des talents et des arts sous l'administration de Cosme (a) et Laurent de Médicis. A ces beaux jours ont succédé des discordes, des guerres, des temps d'affreuse tyrannie, et Florence, après avoir été long-temps le théâtre d'intrigues ourdies dans la cour de Rome, s'est enfin reposée sous les auspices du grand-duc Léopold, qui professa le respect pour les droits des peuples, sans craindre d'affaiblir son pouvoir. Il avait trouvé dans cette belle province un souffle pur, mais timide, de liberté ; on le respira sans crainte, et l'amour des Florentins paya sa noble confiance. Léopold appelé à l'empire

---

(a) Aucune maison dans le monde n'a jamais acquis la puissance par des titres si justes. Elle l'obtint à force de bienfaits et de vertus. Cosme de Médicis, né en 1389, simple citoyen de Florence, vécut sans rechercher de

après la mort de Joseph, le Grand-Duché retomba dans les voies despotiques jusqu'à la conquête de l'Italie, pour laquelle la liberté ne fut qu'une aurore. Aujourd'hui, comme le Milanais, elle est replacée sous la domination de ses anciens maîtres; mais dans le Milanais, comme dans la Toscane, l'air et le sol sont imprégnés de miasmes libéraux, que le temps et l'irritation des peuples joués, avilis, peuvent mettre en fermentation, plutôt que ne l'imaginent ceux qui en accélèrent l'époque par le développement de théories non moins injustes qu'inopportunes.

---

grands titres; mais il acquit par le commerce des richesses comparables à celles des plus grands rois de son temps. Il s'en servit pour secourir les pauvres, pour se faire des amis parmi les riches, en leur prêtant son bien, pour orner sa patrie d'édifices, pour appeler à Florence les savants grecs chassés de Constantinople. Ses conseils furent, pendant trente années, les lois de sa république. Ses bienfaits furent ses principales intrigues, et ce sont toujours les plus sûres. On vit après sa mort, par ses papiers, qu'il avait prêté à ses compatriotes des sommes immenses, dont il n'avait jamais exigé le moindre paiement. Il mourut regretté de ses ennemis mêmes. Florence, d'un commun accord, orna son tombeau du nom de PÈRE DE LA PATRIE.

*Voltaire, Essai sur les mœurs et l'esprit des nations,* chap. CV.

Le genre humain veut être individuellement, politiquement libre : sa volonté doit s'accomplir.

L'amalgame des Lombards et des Vénitiens forme un rapprochement qui trompera l'espérance du maître ; des ferments de liberté agiteront long-temps le royaume Lombardo-Vénitien. Il est facile de changer le nom des États ; il ne l'est pas de changer le caractère, les mœurs, la volonté des peuples. La Lombardie regrette une constitution ; Venise son antique gloire ; naguère république, et contre-poids politique dans l'Italie, elle a ployé sous le joug de la force, mais pour le secouer : c'est l'esclave épiant l'occasion de frapper.

Quant aux duchés de Parme et de Plaisance, ils sont destinés à subir les mêmes vicissitudes que les États plus considérables qui les avoisinent. Le destin de Rome décidera du sort de l'Italie : Rome est un centre de puissance autour duquel gravitent les royaumes et les principautés de la péninsule ; division déplorable qui fait et explique sa faiblesse.

On parle d'un projet que sa probabilité rend très-vraisemblable, et qui expliquerait le voyage et le long séjour que l'empereur d'Autriche a fait à Rome. On dit que toutes choses sont disposées pour élever l'archiduc Rodolphe, archevêque d'Olmutz, au souverain pontificat. Cet événement aurait infailliblement des conséquences d'un grand intérêt pour l'Italie, et d'un plus grand intérêt encore pour la monarchie impériale autrichienne. Son influence sur la cour de Rome opérerait de fait la séparation des deux pouvoirs, et, dans un temps plus éloigné, l'envahissement de l'Italie entière. Ce n'est sans doute qu'un aperçu. La pente rapide du temps soulève, oppose tant d'obstacles imprévus à la marche de la politique humaine, que le chef de la confédération germanique pourrait bientôt se voir engagé dans des soins plus pressants que celui de placer la tiare dans sa famille, avec l'intention de l'y fixer.

## §. V.

L'Espagne semble succomber sous le poids d'une réprobation surnaturelle. Un horrible fléau envahit ses provinces.

> Mal que le ciel en sa fureur
> Inventa pour punir les crimes de la terre.

La peste, la guerre civile dans l'intérieur et dans ses possessions d'Amérique, l'affligent et la dépeuplent avec une effrayante rapidité. Eh bien, le gouvernement espagnol ne cherche pas à adoucir l'horreur de tant de désastres!! D'une faute réparable sont nés d'irréparables malheurs : cette faute, c'est l'ingratitude du roi Ferdinand envers ses amis; ces cortès courageux qui, en lui conservant le trône, lui ont voulu apprendre à régner sous les auspices tutélaires d'une charte. Leur fidélité a reçu un triste salaire : la mort pour les uns; pour beaucoup d'autres l'exil et les fers.

Le peuple espagnol en masse est suspect de malveillance et de conspirations; les suspicions de trahisons planent avec la même imprudence sur l'armée; les échafauds dressés et permanents dans la métropole, les supplices honteux infligés à la fierté castillane, à l'honneur des officiers de tout grade, livrent l'Espagne sans marine et sans armée aux spéculations ambitieuses des puissances qui, bravant toute honte, peuvent oser, osent déjà peut-être, mettre à profit la détresse du gouvernement espagnol. Ah! si ce dernier malheur lui est réservé, puissent des rois et des peuples plus généreux repousser les insultes dont il ne peut se défendre lui-même! N'imputons pas au peuple les torts des conseillers du prince.

L'Amérique méridionale touche à son entière émancipation; elle retentit des chartes du Chili et de Buénos-Ayres, et l'Europe applaudit aux conquêtes de la liberté dans une moitié du monde vouée aux superstitions, à l'esclavage.

La Nouvelle-Grenade, le Pérou, sont conquis; et si le Mexique arbore le dernier l'étendard de l'indépendance, cet empire n'est pas moins déjà perdu pour l'Espagne. Les États-Unis du nord s'apprêtent à fraterniser avec les nouvelles républiques du midi, et l'union des peuples d'un hémisphère resserrera dans l'autre les nœuds qui s'y forment sous les auspices de la monarchie représentative.

Le royaume d'Espagne est descendu de dégradation en dégradation depuis le règne exécrable de Philippe second, à cet état où de graves erreurs achèvent la dissolution du corps politique. Il est à la fois aux antipodes de toute libéralité, et au sommet du despotisme. Mais la nation espagnole n'en est que plus digne de l'intérêt et de l'estime de toutes les nations.

§. VI.

Le Portugal, ce royaume qui n'est plus qu'une province brésilienne, après avoir joué un rôle honorable pour la nation, et glorieux pour ses rois, est tombé dans l'humiliante dépendance de l'Angleterre. Un lord est assis sur le trône des Lusitaniens. L'amirauté de Londres inspecte le port, dispose de la marine de Lisbonne. Les Portugais naviguent, font le commerce, cultivent leurs champs, leurs magnifiques jardins, leurs riches et précieux vignobles pour le compte des olygarques britanniques. C'est de par son roi qu'une nation subit un joug si honteux, si difficile à concilier avec l'honneur, et plus difficile à secouer, quand c'est le gouvernement anglais qui l'impose.

Il règne à Lisbonne comme dans les îles Ioniennes; toute la différence est dans les formes avec lesquelles il y exerce son empire. Un sénat marque à Corfou les ordres émanés du ministère britannique; ceux qu'il dirige sur Lisbonne s'exécutent au nom du roi de Portugal.

Il serait téméraire d'indiquer au Portugal le degré de distance ou de proximité où il est du système libéral sur le thermomètre politique de l'Europe. Sous quelques rapports, il court les mêmes chances que l'Espagne, menacée elle-même de la fatale protection de l'Angleterre. Chose bien étrange! l'Angleterre libre ne combat pas la superstition et le fanatisme, là où ils dirigent la marche du pouvoir! Le Brésil peut-il se défendre de l'esprit républicain qui travaille l'Amérique méridionale, et son gouvernement ne sera-t-il pas refoulé sur l'Europe? Le système fédéral est le vœu du nouvel hémisphère, comme la monarchie représentative est le besoin des peuples de la vieille Europe. C'est le moyen terme de restauration où ses mœurs, ses lumières, sa civilisation, et si l'on veut sa corruption, lui prescrivent de s'arrêter.

Il est donc permis de prévoir que le Brésil se verra bientôt enveloppé dans le mouvement général, et que la royauté absolue ne jettera pas de profondes racines dans la partie du sol américain où elle s'est implantée. C'est sans étonnement que l'on apprendra le retour à Lisbonne du roi et de sa famille; en retrouvant ses palais, retrouvera-t-il l'amour et la confiance de ses sujets, de cette nation jadis fière et belliqueuse, mais dont le caractère s'énerve sensiblement sous une domination étrangère? Le type en sera bientôt effacé. Cette sorte de servitude la préserve, pour son malheur, de la contagion des lumières et de la fermentation qui agite la partie occidentale du continent; et si l'exercice de la puissance royale ramené sur son terrain y rencontre des contradictions où des dangers, ce ne sera pas de la part des Portugais; une vice-royauté puissante et prolongée se crée des droits, et articule des prétentions.

§. VII.

La France a terminé sa longue et pénible révolution ; le vœu de la nation française est rempli ; les droits sont reconnus, le but est atteint ; la charte a consacré sans retour les principes qu'avait posés l'Assemblée constituante sur les ruines de la monarchie absolue ; et sur une base plus large une main française et royale a élevé l'admirable édifice de la monarchie représentative.

Des trois éléments qui composent cette base, résulte l'équilibre du pouvoir et l'unité d'action. Tout se meut autour de centres divers et gradués, dont l'ensemble vient se confondre dans le mouvement général pour entretenir la vie du corps politique : ainsi dans le corps humain le sang se précipite des veines secondaires dans les artères.

Ce n'est pas pour établir la supériorité du gouvernement représentatif monarchique, que j'en esquisse ici une très-succinte définition. La théorie de la représentation nationale admet des formes diverses et plus ou moins populaires ; c'est aux législateurs constituants à déterminer celle qui convient par préférence aux peuples qu'ils représentent. Plusieurs causes ou circonstances motivent des modifications pour tel état, qui seraient inadmissibles dans tel autre. Nous en avons la preuve dans la constitution des Anglais d'Europe et dans celle des Anglais d'Amérique, qui n'ont pas eu à greffer sur de vieux troncs féodaux des institutions nouvelles, mais qui ont pu, sur un sol vierge et sauvage, fonder de plus libérales et de plus homogènes théories.

L'Europe porte des regards d'admiration sur la France. Elle s'étonne qu'après trente ans de révolutions, de guerres civiles et étrangères, qu'après une période de gloire qui lui coûta sa liberté, qu'après avoir subi toutes les infortunes, toutes les horreurs dont un peuple vaincu peut être accablé sous une domination étrangère, qu'après avoir été affligée de la terreur de 1815, ignominieusement persécutée, cruellement décimée, l'Europe, dis-je, s'étonne à l'aspect de la France, après ce long siècle d'invariables calamités, tout à coup plus riche d'industrie, d'arts et de culture, plus forte par sa constitution qu'elle ne l'a été par un million de soldats; plus calme, plus heureuse, plus libre enfin que les peuples qui l'ont deux fois envahie; c'est un beau ciel après les noires tempêtes. La source de ces prospérités, c'est la Charte; l'auteur de la Charte, c'est Louis XVIII; ses défenseurs, c'est la nation. Ses défenseurs?...... et oui.

Elle a pour ennemis les monarchiques féodaux, les fauteurs des doctrines incendiaires. Ils se prêtent un mutuel appui ; ils jurent sur l'épée, et sur l'autel une alliance révolutionnaire. Ceux-là aspirent à diriger les rois par la confession ; les uns et les autres à fonder leur pouvoir sur l'ignorance, la crédulité et la misère des peuples.

Hommes insensés que l'égalité pour tous devant la loi blesse et irrite, lisez dans le passé le sort que vous prépare l'avenir ! Votre cause fut perdue le jour même où vous la séparâtes de celle du peuple : la preuve de votre impuissance se répète chaque jour. Ceux qui veillent pour le peuple, redoublent de soin ; déjà les secrets desseins de la doctrine ultramontaine sont éventés ; et malgré la protection qui se cache derrière la protection qui s'avoue, le ridicule et le mépris délivreront la France de la séditieuse prédication des chefs.

Est-ce donc par la superstition, par l'ignorance, qu'on prétend ramener les Français à l'obéissance passive, miner et renverser l'édifice constitutionnel, avant que soient délibérées les lois qui doivent en garantir la durée. Non-seulement chez les peuples constitués, mais chez tous ceux qui voudront l'être, la liberté triomphera ; elle est l'intérêt universel à l'époque présente; elle sera la gloire du xix<sup>e</sup> siècle, et de l'auguste fondateur de la Charte dans les siècles à venir.

Ce résultat n'est pas une espérance, il est certain ; car la marche du temps et la propagation des lumières sont désormais invariables, quelles que puissent être la résistance des privilégiés, et les alliances olygarchiques. Les persécutions produiront un effet contraire à celui qu'en attendent ceux qui les auront ordonnées. La soumission qui renferme la haine est le calme trompeur du volcan.

Je l'ai dit : la France est libre, et restera libre. Des partis, une faction, la guerre ouverte que se livrent les journaux, les coups portés à la Charte par les monarchiques vétérans, la défense lumineuse des libéraux, la noble volonté de son roi, tout concourt à son triomphe; et de proche en proche, à l'entière émancipation de la famille européenne. J'ajoute que la France sera calme et pacifique, même entourée d'une fermentation qui présage de sinistres événements, de ruineuses catastrophes, peut-être, à des peuples ses voisins. Aux temps où les papes commandaient chez les rois par le ministère des moines, où les gouvernements se dirigeaient d'après un droit public encore empreint des coutumes barbares du moyen âge, qu'elles longues et horribles représailles n'eussent pas autorisées les intrigues du cabinet de Saint-James, les coalitions qu'il a soudoyées, les efforts de toutes les olygarchies, pour ensanglanter la révolution, et contenir la France, tristement morcelée sous le joug du pouvoir arbitraire? Mais le règne des principes a heureument remplacé ce règne d'ignorance et d'erreur, où la politique avait pour auxiliaire la surprise, l'astuce, et le canon. Le cabinet des Tuileries sera passif spectateur d'une lutte qui ne peut l'atteindre. S'il conserve un amer souvenir du passé, c'est pour s'imposer le devoir de ne pas s'immiscer dans l'intérieur des États voisins; devoir qui ne lui est pas moins prescrit par l'intérêt national, que par la morale constitutionnelle, qui seule préside à nos relations étrangères. Mais la nature établit d'homme à homme, de peuple à peuple une moralité plus universelle, de laquelle dérivent des obligations non moins sacrées que celles que nous avons à remplir envers nos proches, envers la patrie; j'appelle ces obligations *philantropiques* ; elles consistent à opposer aux fausses doctrines sur l'administration et le gouvernement, les théories qui sont basées sur l'égalité des hommes devant la loi, principe fondamental de toute association politique; à propager les vérités utiles, à rendre communs à la race humaine les produits partiels de l'intelligence inégalement féconde, diversement favorisée dans des climats et sous des régimes divers. La pensée d'un homme appartient à tous les hommes ; les lumières d'un peuple sont réversibles à tous ; c'est une conséquence nécessaire de la sociabilité, sinon la sociabilité ne serait pas une loi de la nature. Est-il une nation assez jalouse des découvertes qu'elle a faites, de la liberté qu'elle a conquise pour les posséder comme un privilége exclusif, ce serait un sacrilége, une révolte contre le père commun des hommes.

Vainement les inquisiteurs du Saint-Office espagnol et les inquisiteurs politiques de Mayence invoqueront les uns, la puissance fulminante de Rome, les autres, les puissances despotiques de l'Allemagne, contre la liberté de la presse ; la presse n'est plus sous la dépendance de l'autorité, elle est à la fois la garantie des gouvernements représentatifs, et l'organe qui instruit les peuples asservis de leurs droits par la libre discussion de ces mêmes droits, là où ils sont établis, là aussi où le pouvoir ministériel en corrompt les principes, en restreint l'étendue, ou en empêche le développement légal.

Les libéraux des deux mondes se sont entendus. La lumière jaillit de l'Europe en Amérique,

7

d'Amérique en Europe; les rayons se croisent, se heurtent, et des flots de lumière se réflètent au loin sur la circonférence du globe. L'expérience que les Français ont faite depuis trente ans de révolution, doit servir de boussole aux peuples qui se proposent de traverser cette mer orageuse. Il n'est pas d'écueil qui n'ait été signalé par leurs astronomes politiques. Navigateurs nouveaux, prenez d'eux vos instructions pour manœuvrer avec confiance, livrez-vous au pilote qu'ils vous indiqueront puor entrer au port, sinon sans combat, du moins avec tout son équipage.

# NOTES.

(1) Si par un concours le plus heureux et le plus inattendu de circonstances favorables, la pensée n'eût reçu presque coup sur coup de nouveaux renforts et de nouveaux aliments à son activité, que serait devenue la faible étincelle de lumière qui commençait à briller, avec le système d'étouffement et d'*obscurantisme* adopté par la cour de Rome ? Si les Grecs de Constantinople n'eussent émigré vers l'ouest; si *Copernic* dans le ciel, *Colomb* sur la terre, n'eussent reculé les limites du savoir; si, du sein de la laborieuse Allemagne, ne fussent sortis l'art de l'imprimerie et la réformation de l'église ; si la puissance colossale qui enchaînait les consciences et qui oppressait les esprits, n'eût reçu rapidement tant d'atteintes sensibles, de combien de siècles peut-être n'eussent pas été retardées la culture du genre humain et l'amélioration de l'état social ? ( Villers, *Essai sur l'esprit, et l'influence de la réforme de Luther*, p. 242. )

(2) M. *Hume*, dans son Histoire du règne de Henri VIII, a trouvé à propos de répéter ce que les ennemis de la réformation, et quelques-uns de ses amis suspects ou mal informés, ont dit des motifs qui engagèrent *Luther* à s'opposer à la doctrine des indulgences. Cet historien élégant et persuasif nous dit, que c'étaient *ordinairement les Augustins qui étaient chargés de publier les*

*indulgences en Saxe*, ce qui leur apportait un profit considérable; qu'Arcomboldi donna cette commission aux Dominicains; que Martin Luther, religieux augustin et professeur dans l'université de Wittemberg, outré de l'affront que l'on faisait à son ordre, commença à prêcher contre l'abus que l'on commettait dans le trafic des indulgences, et en vint, par une suite de l'opposition qu'il trouva, jusqu'à décrier les indulgences mêmes.

Il eût été à souhaiter que la candeur dont M. Hume se pique l'eût engagé à mieux examiner cette accusation, avant que de se hasarder à la répéter. (*Maclaine*, trad. de l'Histoire ecclés. de *Moshcim*, tom. 4.)

(3) Les histoires sont remplies de guerres de religion; mais qu'on y prenne bien garde, ce n'est point la multiplicité des religions qui a produit ces guerres, c'est l'esprit d'intolérance qui animait celle qui se croyait la dominante. (Montesq., *Lett. Pers.*, L. LXXXV.)

(4) Voyez premièrement les historiens de l'Église et du pape, livres que je lis pour m'édifier, et qui font souvent sur moi un effet tout contraire. (Montesq., *Lett. Pers.*, L. CXXXVI.)

## PIÈCES JUSTIFICATIVES.

La proclamation du roi de Prusse à son peuple, datée de Breslau, le 15 mars 1813;

Celle du même prince à son armée, le 15 mars 1813;

— Du prince Kutusoff, au nom de l'empereur Alexandre et du roi de Prusse; de Kalisech, le 13-25 mars 1813;

— De Bunzlau, le 13 mars 1813;

Celle du général comte de Wittgenstein à ses troupes; de Berlin, le 6-13 mars 1813;

La proclamation de Barclay de Tolly aux Allemands, janvier 1813;

— Du général comte Wittgenstein aux habitants des villes libres de l'Allemagne, de Berlin, le 6-18 mars 1813;

— Du même aux Saxons, 30 mars 1813;

Celle de lord Bentink aux Italiens, publiée à Livourne le 15 mars 1814.

Telles sont les pièces justificatives que je cite à l'appui de ce que j'ai avancé, en parlant des promesses de liberté faites solennellement aux peuples, pendant la guerre dite de l'*indépendance*; il serait facile d'accumuler les preuves.

DE L'IMPRIMERIE DE P.-F. DUPONT,
HÔTEL DES FERMES, RUE DE GRENELLE-SAINT-HONORÉ.

www.ingramcontent.com/pod-product-compliance
Lightning Source LLC
Chambersburg PA
CBHW070307100426
42743CB00011B/2390